Was wir noch zu sagen haben

Texte aus der Schreibwerkstatt
in der
Senevita Erlenmatt

herausgegeben
von Gabrielle Alioth

Impressum, Nachweise
Texte aus der Schreibwerkstatt der
Senevita Erlenmatt
Erlenmattstrasse 7
4058 Basel
www.erlenmatt.senevita.ch

© 2023 Gabrielle Alioth
gabriellealioth.com
Die Texte wurden, soweit nicht anders vermerkt, von den jeweiligen Autorinnen zur Verfügung gestellt.

© 2023 Illustrationen: Lea Frei
leale.ch

Satz & Layout: Hubert Dammer

Herstellung und Verlag:
BoD - Books on Demand, Norderstedt
Printed in Gemany
Print-ISBN: 978-3-756-827-61-9

Vorwort   13

Schreiben   17

Über das Schreiben   18
Graziella Brusadelli

Eine Ahnung   19
Annelis Dickmann

Witt e Brief, so schryb a Brief   20
Alice Lehr

ABC-Schützen   23
Helly Bernhard

Turnen fürs Gehirn   25
Nina Jud

Schreiben hat viele Gesichter   26
Marie-Thérèse Jutzet

Der Brief und das Buch   29
Madeleine Bollinger

Das Trio   31
Doris Plüss

Eine praktische Angelegenheit   34
Elisabeth Perret

Ein Foto   35

Der Voigtländer   37
Helly Bernhard

Licht und Schatten	**39**
Annelis Dickmann	
Die Grosse Schule	**41**
Madeleine Bollinger	
Zeitzeugen	**42**
Nina Jud	
Eine kleine Geschichte von unserer Sommerresidenz im Jura	**44**
Graziella Brusadelli	

Eine Überraschung — 47

Eine weisse Rose im Advent	**49**
Vreni Indlekofer	
Zu Fuss unterwegs	**51**
Annelis Dickmann	
In Montreux	**53**
Selma Meister	
Im Berg	**55**
Nina Jud	
Erlebt	**57**
Graziella Brusadelli	

Eine wichtige Person — 61

Wie er wirklich war	**63**
Selma Meister	

Knallrote Kirschen	**64**
Graziella Brusadelli	
Der Kameramann	**65**
Annelis Dickmann	
Der Wurps	**67**
Doris Plüss	

Verkleiden — 69

Stress vor dem Kleiderkasten	**71**
Annelis Dickmann	
Verkleiden und Fasnacht	**72**
Nina Jud	
Nicht nur an der Fasnacht	**73**
Graziella Brusadelli	
Heimisch	**75**
Vreni Indlekofer	
Theater-Weihnachten	**76**
Madeleine Bollinger	

Hausarbeit — 79

Es war einmal, vor vielen, vielen Jahren	**81**
Graziella Brusadelli	
Kein Problem	**83**
Annelis Dickmann	

Punkto Hausarbeit — 86
Nina Jud

Sommer — 89

Mag er den Sommer? — 91
Nina Jud

Hitzesommer 2003 — 92
Madeleine Bollinger

Stichwörter — 94
Graziella Brusadelli

Pilgerzeit — 95
Annelis Dickmann

2021 — 99
Selma Meister

Ein Tier — 101

Balthasar — 103
Doris Plüss

Vorsicht! — 106
Graziella Brusadelli

Herr Hund Carino — 108
Annelis Dickmann

Spuren im Schnee — 111
Madeleine Bollinger

Clara	**113**
Selma Meister	
Gefiederte Freunde	**115**
Vreni Indlekofer	
Zasi	**116**
Nina Jud	
Das Glück der Eule	**118**
Helly Bernhard	
Ein Brief	**119**
Liebe Hildegard	**121**
Madeleine Bollinger	
Neujahrsbrief, an wen?	**124**
Graziella Brusadelli	
Lieber Hugo	**125**
Annelis Dickmann	
Hallo Virus Corona!	**128**
Doris Plüss	
Meine liebe Vreni!	**131**
Vreni Indlekofer	
Heimat	**133**
Die Mehrzahl von Heimat	**135**
Nina Jud	

Eine Sehnsucht	**136**
Graziella Brusadelli	
Der Geruch	**138**
Selma Meister	
Zufall	**139**
Madeleine Bollinger	
Wie Pech und Schwefel	**140**
Vreni Indlekofer	
Dreimal Heimat	**141**
Annelis Dickmann	

Ein Gespräch — 143

Darf ich Sie was fragen?	**145**
Selma Meister	
Die Neue	**146**
Doris Plüss	
Diese Leichtigkeit	**149**
Annelis Dickmann	
Ein Telefongespräch, kurz und witzig	**151**
Graziella Brusadelli	
Hausaufgaben	**153**
Nina Jud	
Im Gasthaus	**155**
Madeleine Bollinger	

Finden — 157

In der Garage — 159
Doris Plüss

Gefunden — 161
Graziella Brusadelli

Der Findling — 162
Annelis Dickmann

Der Fund — 163
Nina Jud

Die andere Seite — 165
Selma Meister

Reisen — 167

Unsere Nordlandreise — 169
Selma Meister

Reisen bildet — 170
Nina Jud

Venedig — 172
Helly Bernhard

Tombuktu — 174
Annelis Dickmann

Reise en miniature — 178
Graziella Brusadelli

Das Kleid 181

Zitronenfarbige Spitze 183
Selma Meister

Das Trächtli 184
Alice Lehr

Das Ballkleid 187
Helly Bernhard

Für jeden Anlass 189
Graziella Brusadelli

Welche Enttäuschung! 191
Elisabeth Perret

Schwarz und Weiss 192
Doris Plüss

Distanz 193
Annelis Dickmann

Zeit 195

Die Wanduhr 197
Alice Lehr

Zeit – vier Buchstaben, Anfang und Ende 199
Annelis Dickmann

Ein schwieriges Thema 200
Nina Jud

Die Zeit zerinnt 201
Selma Meister

Die gute andere Zeit	**202**
Helly Bernhard	
Was ist die Zeit?	**205**
Graziella Brusadelli	
Fragen	**207**
Elisabeth Perret	
Zwei Minuten vor Jahresende	**208**
Doris Plüss	

Die Autorinnen — 211

Helly Bernhard	**213**
Madeleine Bollinger	**213**
Graziella Brusadelli-Scheiber	**214**
Annelis Dickmann-Meyer	**214**
Vreni Indlekofer	**215**
Nina Jud	**216**
Marie-Thérèse Jutzet	**216**
Alice Lehr	**217**
Selma Meister	**217**
Elisabeth Perret	**218**
Doris Plüss	**218**

Vorwort

Im Juni 2021 traf sich eine Gruppe von Interessierten – alles Frauen – zu einer Schreibwerkstatt in der Senevita Erlenmatt. Es war ein Versuch, doch gleich in den ersten Texten, die entstanden, tat sich eine Vielfalt von unterschiedlichen Sicht- und Schreibweisen auf, ein Reichtum an Erinnerungen, Erfahrungen und Erkenntnissen, der uns alle begeisterte.

Seither treffen wir uns einmal pro Monat. Von Mal zu Mal wird ein Thema vorgegeben, oft ist es nur ein Wort, zu dem die Teilnehmerinnen einen Text verfassen, der dann in der Werkstatt vorgelesen und diskutiert wird. Manchmal gehen die Schreiberinnen auf das Thema ein, manchmal dient es ihnen als Anlass, um etwas zu erzählen, das sie gerade beschäftigt. Manchmal entsteht eine Geschichte, manchmal ein Essay oder eine Gedankensammlung. Immer wieder bietet das Geschriebene Einblicke in die Vergangenheit und die Gegenwart der Schreibenden.

Der vorliegende Band enthält eine Auswahl von Texten, die über die letzten zwei Jahre in der Schreibwerkstatt der Senevita Erlenmatt geschrieben wurden. Er dokumentiert, was die Schreibenden an diesem Punkt in ihrem Dasein bewegt, an was sie sich erinnern, wie sie ihren Alltag meistern, was sie freut, was sie bedrückt. Sie lassen uns teilhaben an ihren Gedanken, ihren grossen und kleinen Erfolgen, ihren Enttäuschungen, ihren Hoffnungen und ihrer Weisheit. An gewissen Punkten fügen sich einzelnen Texte inhaltlich und stilistisch zum Bild einer Schreiberin zusammen, aber jeder Text steht auch für sich, und der Band ist als Lesebuch gedacht, in dem jede Leserin, jeder Leser seine eigenen Favoriten findet.

Einige der Texte wurden von Hand verfasst und dann von mir abgeschrieben, andere haben mir die Verfasserinnen getippt oder elektronisch zur Verfügung gestellt. Ich habe Schreibfehler und Interpunktion korrigiert, die Texte aber weder inhaltlich noch stilistisch redigiert, um ihre Authentizität weitmöglichst zu erhalten. Entsprechend finden sich neben Helvetizismen auch Dialektausdrücke, eigene Wortschöpfungen und grammatikalisch unorthodoxe Wendungen. Ich hoffe, dass die Leser dadurch die Stimmen der Verfasserinnen auch „hören" und sich eine Vorstellung davon machen können, wie die Texte uns beim Zuhören betroffen, und wie wir auch immer wieder geschmunzelt und gelacht haben.

Ich danke der Leitung der Senevita Erlenmatt für ihre Offenheit und die unkomplizierte und freundliche Weise, mit der sie diese Schreibwerkstätten und nun die Publikation dieses Bandes ermöglicht hat.
Mein Dank geht auch an Lea Frei für ihre stimmigen Illustrationen und an Hubert Dammer für das professionelle Layout und die Drucklegung.

Vor allem aber danke ich den Teilnehmerinnen und Autorinnen, die zu diesem Buch beigetragen haben. Es zeigt nicht nur – wie eine von ihnen schreibt – was im Alter noch alles möglich ist, es zeigt vor allem, was das Alter uns allen zu bieten hat, und dass Gedanken und Geschichten – einmal aufgeschrieben – zeitlos sind.

Gabrielle Alioth, Herausgeberin

Im März 2023

Schreiben

Über das Schreiben

Graziella Brusadelli

Im ersten Schuljahr als Sechsjährige in Lugano lernte ich schreiben. Wir übten zuerst schön gleichmässige Stäbli, daraus erst die kleinen Buchstaben, dann die grossen und zwar mit einem Federhalter und Metallfeder, die wir in ein Tintenfässchen tauchten. Es wurde sehr darauf geachtet, dass die Buchstaben schön gleichmässig geführt wurden. Beim Strich nach unten wurde auf die Feder Druck gegeben und beim Hinauf wurde sie leicht gehalten. Diese Art Schönschreiben gefiel mir sehr. Die Buchstaben wurden dann zusammengehängt, und bald entstanden die ersten Wörter und anschliessend ganze Sätze. Es war ein spannendes Lernen.

Als Neunjährige wurde ich in die Deutschschweiz versetzt. Es war lustig, denn nur die oberen Klassen konnten schreiben wie ich; sie nannten diese Schrift «lateinisch». Die untere Klasse, in die ich kam, hatte eine andere Schrift, und diese war dann die «deutsche», eine ziemlich zackige. Also konnte ich schon vieles voraus, nur die Sprache hatte ich noch zu lernen. Alles machte mir Spass.

Viel später übte ich noch die gotische Schrift. Sie ist sehr zierlich. Dazu braucht es eine spezielle Feder und Tusche. Ich schrieb damit Bibelsprüche, meistens in der lateinischen Sprache. Ein Bild davon hängt noch in meinem Zimmer, Zeuge der Vergangenheit.

Eine Ahnung

Annelis Dickmann

Mein erstes Schreiben war ein Wunschzettel an das Christkind. Der Wunsch wurde meistens erfüllt, für mich etwas Geheimnisvolles, Heiliges.
Ein Brief an Gott heute.
Wie lautete die Adresse?
An den Papst, Dein Stellvertreter auf Erden?
Du sagst: „Mein Reich ist nicht von dieser Welt." Dein Reich wird gehütet, verteidigt mit dem Schwert. Du lässt Dich Vater nennen, Deine Söhne streiten. Du schaust weg oder zu?
Wir sind Deine Schöpfung. Hast Du die Freude am Spiel verloren? Die Büchse der Pandora geöffnet?
Frau und Mann hast Du geschaffen. Wo versteckst Du die Kraft der Frau?
Mit meinen Fragen komme ich zu Dir.
Du schweigst.
Der Gedanke liegt nahe, Du wurdest erfunden vom Menschen. Kann ich Dich so finden?
Bist Du ein Du?
Eine Ahnung von Dir lässt mir keine Ruhe.
Deshalb schreibe ich.

Witt e Brief, so schryb a Brief

Alice Lehr

„Witt e Brief, so schryb a Brief." Dies war vor etlichen Jahren ein Werbeslogan der Papierfirma Elco AG in Brugg. Weil dies noch lange vor dem E-Mail-Zeitalter war, hatte die Firma verschiedene Papierwaren, wie Briefpapiere und Karten, im Angebot. Alle waren meist für den handschriftlichen Gebrauch bestimmt. Besonders gefallen haben mir damals die schön gestalteten Kartonschachteln mit Schreibwaren darin, die man „Papeterie" nannte. Man hatte dabei etliche wertvolle Briefbogen, manchmal sogar mit Büttenrand und Wasserzeichen ausgestattet, dazu exklusive Karten und die passenden Couverts.

Das Büttenpapier hat charakteristische, handgerissene Ränder und wird mit einem Sieb aus der wannenförmigen Bütte geschöpft. Diese ursprüngliche Herstellung von Papier wird heute ergänzt durch ein aufwändiges Verfahren, das hochwertige Papiere garantiert. Diese werden vor allem für Urkunden benutzt und dienen Künstlern für Aquarelle. Wasserzeichen sind Bildmarken, die man mit Lichtdurchschein im Papier erkennen kann. Sie werden meistens für Banknoten und Briefmarken verwendet.

Eine Papeterie mit so stilvollem Inhalt war damals ein beliebtes Geschenk. Ich schrieb oft Briefe an Verwandte und Freunde und erhielt meistens freundliche Antworten. Damit man beim Schreiben gerade Zeilen einhalten konnte, legte man unter das Papier eine Vorlage mit schwarzen Linien. Schön Schreiben auf einem guten Papier hatte aber auch mit einer geeigneten Füllfeder zu tun. Auch diese galt als willkommenes Geschenk. So war man immer für einen regen Briefwechsel ausgerüstet.

Dies änderte sich in späteren Jahren ziemlich schnell. Anstelle der Handschrift tippt man heute die Texte in den Computer und druckt sie aus. Natürlich gibt es auch hier verschiedene Zeichen und Möglichkeiten, um die Schreiben persönlich zu gestalten. Aber alles Geschriebene erreicht uns heute gedruckt auf A4-Papierbögen. Dazu kommt die E-Mail, welche Textnachrichten und digitale Berichte in wenigen Sekunden übermittelt, und mit dem Handy erreicht man über SMS (Short Message Service) die Empfänger ebenfalls in wenigen Sekunden.

Die Papierindustrie stellt Schreibwaren vor allem für den Bürobedarf her. Neben den Grosspackungen mit einfachem Kopierpapier gibt es unzählige Sorten von Qualitätspapieren, die sich sowohl für Druck, als auch für die Handschrift eignen. Auch Geschenkkartons, wie früher die Papeterie, sind im Angebot, nur heissen sie heute Kassette oder Box. In grossen Mengen sind auch Briefumschläge, Notizblöcke, Karten für alle Anlässe, Taschen sowie Verpackungs- und Versandmaterialien zu haben.

Schreiben ist eine Alltagsbeschäftigung. Es vergeht kein Tag, ohne etwas zu schreiben. Zum Beispiel Notizzettel, die Einkaufsliste, das Tagesprogramm, einige Termine oder Briefe. Wir unterschreiben Formulare, Verträge, Rechnungen, Zahlungen oder Reklamationen. Immer wieder schreiben wir aber auch Gratulationen und

Glückwünsche und häufig auch Kondolenzbriefe. Private Schreiben können sich sowohl freundlich als auch ärgerlich zeigen, etwa von der Standpauke bis zum Liebesbrief.

Der Slogan „Witt e Brief, so schryb a Brief" war in jener Zeit weitherum bekannt, wurde oft kopiert, verfälscht oder verhunzt wie etwa: „Witt e Schmutz, so gib e Schmutz" oder für die Werbung „Witt e Suppe, so nimm Knorr", und damit schaffte es dieser Spruch damals sogar an die Basler Fasnacht als Schnitzelbangg-Sujet.

ABC-Schützen

Helly Bernhard

Zum Thema Schreiben etwas zu schreiben ist nicht einfach. Wie habe ich eigentlich schreiben gelernt?

In der ersten Primarklasse lernten wir einen Buchstaben nach dem andern. Zuerst alle Grossbuchstaben in Druckschrift. Unsere Lehrerin schrieb den Buchstaben mit Kreide an die Wandtafel, und wir Schüler kritzelten wacklig mit einem Griffel das Zeichen auf die Schiefertafel. Jeden Tag lernten wir ein bis zwei, manchmal auch drei neue Buchstaben. Als Hausaufgaben mussten wir einige Zeilen der neu gelernten Buchstaben auf unsere Tafel schreiben. So lernten wir allmählich das ganze Alphabet.

Dann kam der nächste Schritt: die Kleinbuchstaben. Um das Lernen spannend zu gestalten, erzählte uns die Lehrerin zu fast jedem Buchstaben eine lustige Geschichte von Max und Moritz. Und das ging so:

Max und Moritz wollten dem Lehrer einen Streich spielen und schlichen sich nachts mit Säge, Hammer und Zange in die Schule. Mit Brechen und Biegen machten sie sich ans Werk. Sie sägten von den aus Holz gefertigten Buchstaben Stücke weg, so zum Beispiel beim H, und schon ist das kleine h entstanden. Oder sie entfernten den oberen Bogen beim B und das kleine b steht da usw. Am andern Tag war der Lehrer überrascht, was er vorfand, und erklärte den Lausbuben: Dank eurer nächtlichen Arbeit sind die richtigen Kleinbuchstaben entstanden.

Das zur damaligen Lernmethode der Kleinbuchstaben. Auf diese Weise lernten wir spielend das grosse und das kleine ABC und konnten jetzt ganze Sätze schreiben.

Als nächstes: Die Buchstaben wurden miteinander verbunden und so zusammenhängende Wörter geschrieben. So entstand mit der Zeit die eigene Handschrift. In Schönschreibstunden wurde uns gezeigt, wie man die Schrift noch verbessern kann.

Dann lernten wir mit Tinte schreiben. Zuerst mussten wir üben, wie man den Federhalter richtig in die Hand nimmt. Mit wenig Tinte – ein Tintenfass hatte jedes an seinem Platz in der Schulbank – schrieben wir ganz vorsichtig die ersten Worte auf ein Blatt Papier. Schnell hatte man zu viel Tinte an der Feder, dann gab es Spritzer auf das Blatt oder unschöne Kleckse.

Heute wird praktisch alles mit Computer geschrieben. Ein von Hand geschriebener Brief oder ein Kartengruss sind etwas Spezielles und ein schönes Zeichen, denn die schreibende Person nimmt sich Zeit, um dem Empfänger eine Freude zu bereiten.

Turnen fürs Gehirn

Nina Jud

Ich lese gern und viel. Also muss zuerst geschrieben werden. Schreiben ist Turnen für das Gehirn. In der Schule war mein Gehirn nicht so fit. Meine Aufsätze waren Mittelmass. Ein einziges Mal, erinnere ich mich, wurde ein Aufsatz von mir als besonders gut erwähnt. Sonst lagen die Noten immer so zwischen 4,5 und 5.

In der Schule lernten wir auch Stenographie als Freifach. Mein Götti war in der Steno-Szene eine wichtige Persönlichkeit und überredete mich, einem Steno-Club beizutreten. Und da fing das wirkliche Schreiben an. Alle paar Wochen kam ein Mäppchen mit einem bestimmten Thema an, über das wir etwas schreiben mussten. Das wurde dann an die Abteilungsleiterin geschickt und wurde dort korrigiert, auf stenographische und deutsche Fehler. Das war Fitness fürs Gehirn.

Seither schreibe ich ganz gern. Aber es wäre mir nie in den Sinn gekommen, etwas zu veröffentlichen. Wie kommt man zu einem Verlag? Was kostet das? Wie recherchiert man ein Thema? Das ist sicher zeitaufwändig; und ich hatte genug zu tun mit zwei Haushalten, Kindererziehung, Berufsarbeit. Nun sind die Aufgaben vorbei. Ich bin hier in der Senevita und nehme gern an der Schreibwerkstatt teil, um mein Gehirn ein bisschen turnen zu lassen.

Schreiben hat viele Gesichter

Marie-Thérèse Jutzet

Schreiben hat viele Gesichter, meint Mia. Wo und wie sie es, heute mit 86 Jahren, gelernt hat, weiss Mia nicht mehr. Sie denkt zurück, wie ihr das Schreiben trotzdem treue Weg-, ja Lebensbegleiterin geworden ist.

Mia erinnert sich, wie Schreibutensilien schon früh auf sie eine magische Anziehungskraft ausgeübt haben. Erhielt sie ein Geschenk von ihrer geliebten Gotte, griff sie gleich zu Schreibpapier und Füllfederhalter mit Tintengläschen, um ihr schriftlich zu danken.

Aufsätze in der Schule waren ihr Lieblingsfach. Davon konnte Mia nicht genug als Hausaufgabe erhalten.

Später dann, im Welschland, fing Mia an, ihre Gedanken, vor allem die unerhörten Misshandlungen, Ausnützungen, das vergammelte Essen und anderes im Tagebuch festzuhalten. Das gab Mia Kraft und Ausdauer, die Saison durchzustehen. Auch das ein Gesicht des Schreibens!

In dieser Zeit lernte sie eine Welschland-Freundin kennen, die ihr zum 16. Geburtstag eine Jugendzeitschrift im Abo schenkte. Darin gab es jeden Monat ein Thema zum Schreiben, um es dann als Test einzuschicken. Das war für Mia wie den Nagel auf den Kopf getroffen. An das Thema „Musik" erinnert sie sich am besten. Es wurde alsdann sogar veröffentlicht, obwohl Mia glaubte, von

Musik nicht viel zu verstehen. Offenbar reichte, was ihr Ohren und Herz mit Musik mitteilten.

Brieffreundinnen gaben einen guten Wechsel mit Austausch von Freuden, Frustrationen und über Erlebtes im Alltag, ob Erfreuliches oder, wie es auch zum jungen Leben gehörte, weniger Erfreuliches.

Mia hat in ihrem Leben längere, harte Zeiten mit öfter Spital, Reha und so allem Drum und Dran erlitten. Bei den diversen Spital- und Reha-Eintritten war stets ein Brief einer besonderen Brieffreundin an Ort, der Mia regelrecht als Gast empfing und das Ungewisse, das ihr dort bevorstand, in Freude und Optimismus umzuwandeln vermochte.

Ein anderes Gesicht des Schreibens war für Mia der Brief- und Buchwechsel mit ihrer Tante Agnes. Tante Agnes hatte eine wunderschön geschwungene Handschrift, so schön, dass Mia gleich freudig zu Tinte, Feder und Papier griff und hoffnungsvoll auf schriftliche Retourpost wartete. Den Erhalt solcher Briefe empfand Mia jeweils wie Weihnachten.

Mit Mias frühzeitiger Pensionierung zog sie aus ihren Schubladen einen „für alle Fälle" erhaltenen Zettel, von ihrer damaligen Mitarbeiterin, mit der Aufschrift: Wir suchen Leute, die gern schreiben. Das war für sie die Möglichkeit, die Leere als Zwangsrentnerin sinnvoll zu nutzen. Gleich erfand Mia eine Testgeschichte, schickte sie an den Sucher, um sie vorerst zu vergessen. Doch nach einiger Zeit kam das Testergebnis, dass sie Talent zum Schreiben hätte. Das ermunterte sie, eine Schule für Belletristik im Fernunterricht zu buchen.

Wieder ein anderes Gesicht ergaben Mias Erinnerungen an ihre Familie und ihre Erlebnisse, die sie jeweils ihrem Partner erzählte.

„Schreib die Sachen auf", versuchte er sie immer wieder zu motivieren.

„Für wen? Ich habe keine Kinder, und wen würde das Geschriebene wohl interessieren?", entgegnete Mia.

„Du hast doch gute Beziehungen zu Nichten und Neffen, und überhaupt in erster Linie für dich." Bei einem seiner weiteren Motivationsversuche zum Schreiben mit dem Angebot: „Ich schenke dir einen Laptop, aber du musst mir versprechen, dass du deine Erinnerungen niederschreibst."

Den Laptop hatte Mia liebend gern, also fiel es ihr nicht schwer, Erlebtes den Tasten zu übergeben. Und voilà: ein neues Gesicht vom Schreiben. Es entstand ein Buch von Mia mit Vernissage, Laudatio, umrahmt von schönen Klarinettenklängen. Ein wunderbares Gesicht des Schreibens für Mia, die Feier mit tollen Freunden, Familie und weiteren Interessierten zu erleben.

Der Brief und das Buch

Madeleine Bollinger

Seit ich lesen kann, schreibe ich oft. Ganz verschieden sind meine Anregungen. Einmal ins Tagebuch oder ins Ideen- und Gedankenbuch, aber auch viele Briefe an Freunde oder an Ämter, Ärzte oder Politiker. Wenn ich das Gefühl habe, hier ist eine Reaktion fällig, hier muss ich intervenieren oder mich wehren, wird das zu Papier gebracht. Nicht immer schicke ich diese Briefe ab; aber ich habe dann ein besseres Gefühl und konnte meinem Ärger Luft machen.

      Einmal, es war zur Zeit von der Abstimmung über einen Waffenplatz auf dem einzigartigen Hochmoor bei Rothenthurm. Es wurde am Radio heftig gestritten, dafür und dagegen. Da schrieb ich Bundesrat Chevallaz einen ganz persönlichen Brief, worin ich mich kategorisch für das Hochmoor einsetzte. Kurz darauf bekam ich eine Antwort von Monsieur Chevallaz, mit dem Satz, den ich nie vergesse: Wollen Sie eigentlich die Schweiz mit dem Regenschirm verteidigen? Wir haben dann die Abstimmung gewonnen, zum grossen Glück für die Schweiz und das wertvolle Hochmoor zwischen Sattel und Einsiedeln.

In der Primarschule hatte ich eine Lehrerin, die mich sehr mochte. Sie hatte am gleichen Tag Geburtstag wie ich und war genau dreissig Jahre älter, ledig, ohne Kinder. Wahrscheinlich war ich ihr „Wunschkind", bekam in allen Fächern Einser und x Privilegien. Sicher war sie parteiisch, in den Augen der Mitschülerinnen. – Mit circa zehn Jahren schrieb ich ein Buch mit dem Titel *Köbeli*, circa drei Hefte lang. Grosses Erstaunen und auch Lob meiner Eltern. Meine Lehrerin war so begeistert, dass sie mein „Buch" mit nach Hause nahm. Und so verschwand es auf Nimmerwiedersehen. Ich konnte mich nicht wehren, und meine Eltern waren vielleicht so stolz auf mich, dass sie das Buch in den Händen von Fräulein Sutter bestens aufgehoben glaubten.

Später habe ich mich nie mehr zu einem Buch aufraffen können. Es blieb bei Kurzgeschichten, Briefen und Aufzeichnungen meiner Gedanken, die ich zu Papier (oder Computer) bringe.

Das Trio

Doris Plüss

Im April 2015 traf ich sie zum ersten Mal im Keller des Senevita Erlenmatt. Ica, eine 67jährige Mitbewohnerin, ein Jahr jünger als ich. Etwa gleichzeitig zog Irmgard, eine circa 90jährige ehemalige Hamburgerin, ein. Beide wohnten im vierten Stock, ich im dritten. Wir wurden ein eingeschworenes Trio. Da Irmgard nicht mehr so gut zu Fuss war, gingen wir manchmal, zu dritt mit dem Taxi, auf eine Einkaufstour in die Stadt mit nachfolgendem Zvieri in einem gemütlichen Café.

Irmgard und mich verband auch das Lesen. Neben verschiedenen Romanen liebten wir beide historische Bücher. Als ich ihr einmal ein Buch über die grosse Pharaonin Hatschepsut auslieh, gab sie es mir am nächsten Tag wieder zurück. Traurig sagte sie: „Ich kann es nicht mehr lesen, meine Augen verweigern mir ihren Dienst."
Da ich eine grosse Auswahl an Hörbüchern habe, auch solche mit Themen, die Irmgard sicher gefielen, schlug ich ihr mal dieses Medium vor. Doch ihre Antwort war ein klares NEIN! Das ist nichts für mich.
Okay, musste ich akzeptieren. Doch ich liess nicht locker. Ein Leben ohne Bücher für Irmgard war fast nicht denkbar. Ich begann, ihr die Hörbücher mit meinen Lieblingen, „Nero Corleone" und „Nero kehrt zurück" von Elke Heidenreich, schmackhaft zu machen und konnte sie zu einem Versuch überreden. Mit dem Resultat, dass von da an fast jede Woche ein paar meiner Hörbücher ihren

Standort wechselten. Meine prall gefüllten Kisten wurden eine kleine Hörbuchbibliothek. Manchmal artete es so aus, dass wir Irmgard zum Mittagessen holen mussten, weil sie beim Hören die Zeit vergass.

Für mich unvergesslich ist auch ein Abend mit Ica auf Irmgards Terrasse. An diesem Abend war Mondfinsternis, leider für Irmgard nicht sichtbar, der Mond war zu weit weg. Doch es war ein herrlicher, lustiger, gemeinsamer Abend mit einem feinen Glas Wein und Geknabber.

Nun zur Zweiten im Trio, Ica, einer gebürtigen Holländerin. Sie hatte zwei erwachsene Söhne, die sie alleine aufgezogen hatte. Wir hatten die gleichen politischen Ansichten, waren beide in der Jugend- und Frauenbewegung und kamen uns schnell näher. Beim Mittagessen schaute sie meistens zuerst mit einem zufriedenen Lächeln auf den Teller, bevor sie mit dem Essen begann. Einmal kam sie mit einem schelmischen Lächeln. Überglücklich zeigte sie uns ein Ultraschallbild, das ihrer Enkelin: Sie wurde Oma. Da wir fast gleich alt waren, vereinbarten wir, dass wir zusammen im Senevita alt werden wollen. Sie rauchte, wieviel war mir als Nichtraucherin nicht bewusst. Doch es war anscheinend zu viel. Ihre Lunge verweigerte ihren Dienst. Im April 2019 verliess sie uns für immer.

Nun kommen wir doch noch zum Thema „Schreiben". Ich glaube, es war im Sommer 2015 oder 2016. Wir hatten eine Veranstaltung im Restaurant LeS. Das Thema ist mir nicht mehr in Erinnerung. Nachher versammelten sich alle, und wir vergnügten uns bei einem Zvieri und einem

Glas Wein. Ica und ich hatten fast gleichzeitig die gleiche Idee: Wir schreiben eine Senevita-Erlenmatt-Zeitung. Sofort begannen wir auch schon Notizen zu machen. Doch wie das so ist mit begeisterten Ideen, sie verschwanden wieder: leider! Ica wurde Grossmutter, wir hatten unsere Dienstag-Spielnachmittage mit dem herrlichen Gesellschaftsspiel „Trivial Pursuit" usw. usw. Die Zeitung haben wir immer wieder angesprochen, doch auch immer wieder verschoben. Und dann blieb keine Zeit mehr. Ica starb. Ein Jahr später verliess mich auch Irmgard. Ich vermisse beide, sie fehlen mir sehr. Der Gedanke an eine Senevita-Zeitung ist verblasst. Er ist auch zu sehr mit Ica verknüpft und ohne sie nicht denkbar.

Eine praktische Angelegenheit

Elisabeth Perret

Heute Nachmittag heisst das Thema Schreiben. Was muss man im Schreiben schreiben? Buchstaben nebeneinandersetzen, damit es Wörter gibt? Zum Beispiel beim ABC anfangen? Damit ist ja schon alles gesagt resp. geschrieben. Doch eine andere Beschreibung wäre eine Aussage. Die kann man machen, ohne den Mund zu gebrauchen.

Schreiben ist eine praktische Angelegenheit: Wenn ich zum Beispiel jemandem etwas ins Ohr flüstern möchte, doch die angesprochene Person ist etwas übelhörig, dann kann ich es ihr aufschreiben. Das ist zwar eine heikle Sache. Geschriebenes ist immer wieder nachlesbar, Gesprochenes ist vergänglicher und wird vom Wind verweht.

Beim Schreiben sind Gedankengänge zu Papier zu bringen, beim Reden kann es leicht ein Geplapper geben. Also: Wichtiges aufschreiben und zu bedenkengeben, Unwichtiges darf friedvoll im Geplapper untergehen. Was ich jetzt hingesudelt habe, ist für den Papierkorb gedacht, weil es eben ein unnützes Geplapper ist.

Ein Foto

Der Voigtländer

Helly Bernhard

Zu meinem 16. Geburtstag bekam ich einen Fotoapparat, einen Voigtländer, mit eingebautem Belichtungsmesser. Toll, jetzt kann ich selber schöne Bilder knipsen, da kann nichts schiefgehen. Mein Vater, Hobbyfotograf, gab mir Tipps und Hinweise. Vorsicht beim Filmwechseln, dass kein Licht den Filmstreifen trifft.

Die Ferien können kommen, ich kann meine ersten Fotoaufnahmen machen. Noch ein paar Anweisungen, und es kann los gehen. Der erste Film ist bald vollgeknipst: Landschaften, Blumen, Bäume und Tiere, alles, was ich festhalten wollte. Personen waren nicht so mein Ding, da ich es auch nicht mag, wenn man mich fotografiert. Das ist auch heute noch so.

Der Film bzw. die Filme mussten umgehend entwickelt werden. Ich konnte es kaum erwarten, die ersten Fotos in der Hand zu haben, um bei meinen Freunden damit zu glänzen. Im Fotogeschäft dann als erstes die Frage: Wie sollen die Bilder sein? Auf Glanzpapier oder matt? Weiss oder chamois? Mit Büttenrand? Was für Fragen. Abholtermin in einer Woche. Eine lange Wartefrist. Die Spannung stieg. Dann kam der Tag. Ich war richtig aufgeregt. Meine ersten Bilder! Der Fotograf breitete die Bilder auf dem Ladentisch aus. „Für's erste Mal sind die Aufnahmen recht gut gelungen," meinte er. Und ich war stolz. Meine Freunde werden staunen, dachte ich. Aber dem war nicht so. „Ja, ja, sie sind ganz nett, aber …" Ein

Dämpfer für mich. Für mich war jedes Bild eine Erinnerung an eine spezielle Begebenheit, ein Augenblick, manchmal mit tiefem Empfinden.

Nächster Schritt: Die Bilder wurden in ein Album geklebt und beschriftet. Es reihte sich Album an Album. Heute ist alles anders. Heute braucht man kein Album mehr. Heute wird mit dem Handy fotografiert, und die Bilder werden per Klick weitergeschickt. Was nicht gefällt, kann man auch per Klick wieder löschen.

Licht und Schatten

Annelis Dickmann

Auf sandfarbigem Hintergrund ist eine schlanke Gestalt, gezeichnet mit feinen Linien. Wie Flügel sind die Arme zum Himmel gestreckt. Ruft sie um Hilfe, will sie fliehen? Auf dem Kopf trägt sie eine blaue Dreiecksmütze, um den Hals einen blauen Schal, dünne Äste wachsen um ihr Gesicht. Am Rücken, auf dem langen Kleid, wie einem Schleier hängt ein dunkler Kopf, halb Mensch, halb Hund, auch er mit einer blauen Mütze. Ein Alptraum? Das verkörperte schlechte Gewissen? Angst?

Das Bild kann nicht gemalt sein. Körner fallen mir auf, Licht und Schatten gehen fein ineinander über. Es ist ein Foto. Wurde ein Märchenwesen, eine Fee fotografiert? Es muss doch eine Zeichnung sein, Feen lassen sich nicht fotografieren.

Jeden Abend lief ich barfuss, bei Ebbe, am Rand des Wassers, dem Sonnenuntergang entgegen. Ein paar Wochen lebte ich auf der Insel der Seligen. Im Jahr zuvor waren mein Ehemann und bester Freund plötzlich gestorben, kurz danach mein Vater. Die Kinder wohnten nicht mehr im Haus, nur die Katze blieb bei mir. Ich hatte die grosse Freiheit, die ich nicht wollte, lief – Blick auf den Boden gerichtet – durch die Welt.

Als Strandläuferin erlebte ich das Auf und Ab des Wassers, Ebbe und Flut, beobachtete die Bewegung, den Anstieg oder Rückzug, sah, wie das zurückfliessende

Wasser Zeichnungen im Sand hinterliess. Den Fotoapparat trug ich immer mit mir, im Abendlicht suchte ich die schönsten Verästelungen. Sie entstanden und wurden vom Meer weggewischt, existierten kurze Zeit. Es war dieser Augenblick ihrer Existenz, den ich festhalten wollte, der mir eigenartige Wesen schenkte, Sandbilder, entstanden durch den Zufall, mit Licht, den Schatten eines Steins und meiner Fantasie.

Die Grosse Schule

Madeleine Bollinger

Weihnachten 1939, erste Kriegsweihnacht. Im Frühling 1940 werde ich die Grosse Schule besuchen dürfen. Wie ich mich darauf freue!

Unter dem Weihnachtsbaum liegen: der Schulsack vom Götti, die handgestrickten Strümpfe von meiner Grossmutter und von der Mutter drei Ärmelschürzen zum Kleiderschonen und ein mit Spitzen besetztes Gstältli zum Befestigen der Strümpfe, alles selbst genäht. Der Schulsack ist wunderschön, mittelbraunes Leder, Schnallenverschluss und schmale Träger, ein typischer Mädchenschulsack. Ich bin stolz; kaum kann ich es erwarten, den Kindergarten hinter mir zu lassen.

Vor dem Schuleintritt noch Besuch beim Fotografen, für das Erinnerungsbild. Wenn nur die handgestrickten, bissigen Strümpfe nicht wären! Noch weiss ich nicht, dass ich die einzige in der Klasse mit einer Ärmelschürze sein werde. Selbstbewusst präsentiere ich mich dem Fotografen.

Der Ernst des Lebens wartet auf mich. Es ist ja Krieg. Viele Schulstunden werden wir im Keller des Iselin-Schulhauses verbringen müssen. Oft werde ich nach Hause rennen müssen, weil auf dem Heimweg die Sirenen heulen.

Zeitzeugen

Nina Jud

Die neue Hausaufgabe ist ein x-beliebiges Foto aus meinem Fundus auswählen und einen Text dazu schreiben. Ja, wo soll ich da anfangen? Bei mir liegen jede Menge Fotos herum, von Reisen, von der Verwandtschaft, aus Jugend- und Kindertagen. Beim Suchen fällt mir dieses Bild in die Hände: sechs ältere Menschen, wie ich es jetzt bin. Das Bild ist aus dem Jahr 1980 und zeigt sechs Geschwister, meinen Vater und seine Schwestern und einen Bruder. Leider fehlt ein Onkel, der starb relativ früh an Knochenkrebs. Die übrigen haben alle eine Geschichte, eine Lebensgeschichte. Aber ich kenne sie nicht, leider. Nicht mal diejenige meines Vaters (links im Bild) kenne ich im Detail. Ich weiss nur, dass er Französischschüler bei meiner Mutter war. Ich weiss nicht, war das vor seinem Aufenthalt in Frankreich oder nachher? Ich weiss nur, dass er meiner Mutter eine goldene Halskette aus Frankreich brachte, in einem schmutzigen Nastuch geschmuggelt. Das muss ihr einen grossen Eindruck gemacht haben. Auf jeden Fall bin ich jetzt da.

  Die Tanten sah ich nur vielleicht einmal pro Jahr, wenn wir während der Sommerferien die „Verwandtentour" machten. Tante Emma wohnte in Genf. Diese Tante war die exotischste. Genf, die Grossstadt, wo nur Französisch gesprochen wurde. Da reichte es nicht mal einmal im Jahr für einen Besuch. Sie wurde 99 Jahre und acht Monate alt. Die anderen wohnten in der Ostschweiz. Diese

Besuche konnte man in einem Aufwisch machen. Am meisten Eindruck machten mir Tante Maries Haare. Solche schönen weissen Haare wünschte ich mir als Kind.

Fotos finde ich wichtig. Sie helfen Erinnerungen aufzufrischen. Sie sind Nachschlagewerke und Zeitzeugen. Kürzlich bekam ich eine Zeitung mit Jahrgang 1939 in die Hände. Die Frisuren, die Kleider, die Darstellungen haben sich verändert, aber die Berichterstattung ist gleich geblieben.

Eine kleine Geschichte von unserer Sommerresidenz im Jura

Graziella Brusadelli

Wir hatten dort einen kleinen zusammenlegbaren Wohnwagen, den wir jeden Frühling aufstellten und im Herbst wieder zusammenklappen mussten, denn er war nicht winterfest. Immer wieder wollte ich die ganze Prozedur fotografieren. Da ich aber meinem Mann beim Aufstellen helfen wollte, konnte ich ja nicht gleichzeitig auch fotografieren. Doch eines Tages schaffte ich es.

Also, der Wohnwagen war wieder bewohnbar, und er wurde auch genossen. Da hat Paolo, mein Mann, in der Umgebung einen grossen Berg Holz gesehen, Balken, Bretter, Leisten und noch mehr, und ihm kam die Idee, den Besitzer zu fragen, ob er wohl ein paar Leisten haben könnte. Die unerwartete Antwort war: Er benötige das Holz nicht mehr. Paolo konnte den ganzen Haufen haben. Freudig meldete er mir die Überraschung, und schon entstand ein Plan: Wir könnten damit unseren kleinen Wohnwagen einschalen, und wir fieberten regelrecht. Es wurde verlesen, gemessen, geschleppt und mit Freude ging es ans Werken. Nach etlichen Anstrengungen und viel, viel Schweiss entstand die Einschalung im Rohbau. Das Fertigstellen und Bemalen gingen fast von selbst.

Nun, das Spannende an dieser kleinen Geschichte ist, dass ich so, ganz ohne zu wissen, den letzten Werdegang des Aufstellens des Wohnwagens fotografiert habe.

Denn nachdem er verschalt war, mussten wir ihn nicht mehr zusammenlegen. Zum Glück, denn es war jedes Jahr eine grosse Arbeit.

Eine Überraschung

Eine weisse Rose im Advent

Vreni Indlekofer

Ein junger (etwas arg zerzauster) Mann betritt den Laden. Ein Ehepaar ist schon da und lässt sich zu Agenden beraten. Ich darf den jungen Mann nach seinem Wunsch fragen. – Er möchte ein Geschenkpapier auswählen. Ich lasse ihn aussuchen und kehre zum Ehepaar zurück.

Der junge Herr lässt sich Zeit und kommt schliesslich mit einem wunderschönen Papier, dem passenden Band und der ebenfalls passenden Karte zur Kasse. Da steht nun auch das Ehepaar. Wieder lassen sie dem jungen Mann den Vorrang. Aber was passiert jetzt: Der junge Mann grübelt in sämtlichen Jacken- und Hosentaschen. Leider ohne Erfolg. „Es tut mir leid – ich habe nichts. Ich lege die Ware zurück."

Ich sehe kurz in seine Augen und weiss, nein, das geht nicht. „Nein", meine ich, „nehmen Sie die Sachen mit! Ihr Geschenk soll eine gediegene Verpackung erhalten!"

Seine Augen beginnen zu leuchten, er bedankt sich und verlässt den Laden.

„Die Fr. 15.80 werden Sie nie erhalten. Sie haben ja nicht nach seinem Namen, geschweige denn seiner Adresse verlangt", meint das Ehepaar.

„Ich habe ja auch nicht gesagt, er müsse mir das Geld bringen. Aber ich bin mir sicher – er kommt!"

Ich schliesse den Verkauf mit meinen Kunden ab und lege ein kleines Geschenk dazu. (Auch sie sollen zufrieden sein.) In der Zwischenzeit ist es Abend geworden. Ich schliesse den Laden und gehe glücklich und zufrieden nach Hause.

Vier Tage später, gegen Abend, die Ladentür. Der zerzauste Mann steht vor mir, mit Fr. 15.80 und einer wunderschönen weissen Rose!

Zu Fuss unterwegs

Annelis Dickmann

Wir sind zu Fuss unterwegs in Südfrankreich, im Maurengebirge. Zur Stunde des Pan ruhen wir im Schatten von Haselstauden und einem niedrigen, alten Apfelbaum. Die Blätter des Baumes spielen mit den Sonnenstrahlen auf meinem nackten Oberkörper. Die Wärme wird gekühlt, von einer leichten Brise. Meine Füsse stecken in geöffneten Wanderschuhen. Ich bin zu bequem und schläfrig, sie auszuziehen.

Eine plötzliche Bewegung vom Liegen zum Stehen, eine Drehung, um rückwärts auf meinem Hemd am Boden zu stehen. Eine kleine Schlange dreht sich vom Rücken auf den Bauch und verschwindet im Gebüsch. Starr vor Schreck und staunend zugleich, über meine sportliche Leistung, rufe ich Peter, der etwas abseits sitzt. «Eine Schlange an meiner Brust? Eine kleine Viper!»

Peter sucht im Gras und Gebüsch, findet nichts mehr und erklärt mir, es müsse eine Blindschleiche gewesen sein, die Wärme gesucht habe. Ich zittere, möchte ihm gern glauben, denn der Weg ist noch weit, bis zur Unterkunft. Zur Beruhigung kaue ich Trockenfrüchte, bis die kleine Viper eine kleine Blindschleiche geworden ist. Kräftig auftretend, damit die Schlangen uns kommen hören, wandern wir hinunter ins Tag. Ich vermeide, mir vorzustellen, was alles hätte sein können, und bin sicher, ein Schutzengel hat mich geweckt.

Im Büro des Hotels hängt ein Plakat: Fotos von Schlangen. Es muss eine Viper gewesen sein. Zur Gewissheit treffen wir, auf dem Weg zu einer Grotte, eine tote Blindschleiche. Nun habe ich die Bestätigung: Eine kleine Viper suchte Wärme und dabei erschreckte sie mich. Ich habe etwas gespürt, seitlich unter dem Arm. Mein Aufspringen liess sie abrutschen. Sie hatte keine Chance zuzubeissen. Das Staunen, die Überraschung sind perfekt, und viele Fragen bleiben ohne Antwort, besonders die eine, wie es möglich ist, vom Liegen ins Stehen zu springen in einem Augenblick. Ein uralter Instinkt des Körpers entwickelt ungeahnte Kräfte.

In Montreux

Selma Meister

Als ich mit fünfzehn Jahren aus der Schule kam, war die Frage: Wie geht es jetzt weiter?

Eigentlich wäre ich gern Primarlehrerin geworden. Ich hätte jedoch zu Hause ausziehen müssen, um das Lehrerseminar in Weinfelden zu besuchen. Das wäre sehr teuer gewesen, und wir waren drei Kinder, und alle hatten das gleiche Recht auf eine gute Ausbildung. Meine Eltern hörten von einer Familie in Montreux, mit zwei kleinen Kindern, die ein Mädchen suchten, zur Betreuung der Kinder. So wurde ich also ins Welschland geschickt, was damals sehr üblich war. Ich war noch zu jung für eine Lehre, und weiter zur Schule zu gehen, war nicht gut möglich. Ich wohnte auf dem Land und hätte jeden Tag nach Frauenfeld fahren müssen. Mein anderes Leben begann.

Meine Madame holte mich ab in Montreux, dann ging es noch eine Station in die Höhe, mit der Montreux Oberlandbahn. Nun war ich in meinem neuen Zuhause. Da waren noch Monsieur und zwei Kinder: Philippe, sechs Monate und Francis, drei Jahre alt. Viel Neues ist auf mich zugekommen, eine grosse Umstellung und Eingewöhnung. Zum Einkaufen musste ich mit den Kindern hinunter in die Stadt, dann wieder mühsam hinauf. Am Morgen hatte ich viel zu tun, Kleinwäsche und Windeln samt Madames Höschen (Pampers gab es noch nicht). Später ein wenig Putzen und Gemüse vorbereiten für' s

Mittagessen. Mit der Zeit ging es mir besser, ich lernte auch andere Mädchen kennen in meiner Freizeit. Trotzdem litt ich immer noch unter Heimweh.

Eines Tages, ein schöner Sommertag hatte begonnen, stand ich in der Küche und bereitete das Mittagessen vor. Die Fenster standen offen. Da sah ich jemanden um die Ecke des Hauses gehen. Dann schaute ich etwas genauer – Vati, oh Vati! Ich rannte hinaus und umarmte ihn; oh, ich konnte es nicht fassen, mein lieber Vati kam mich besuchen. Er hat mich komplett überrascht, und ich habe mich riesig gefreut. Den Nachmittag habe ich frei bekommen, und so konnten wir noch einiges von Montreux besichtigen. Auch das Schloss Chillon, das ganz in der Nähe steht. Die restliche Zeit habe ich noch gut überstanden und bin glücklich heimgekehrt.

Im Berg

Nina Jud

Es gibt viele Überraschungen: schöne, traurige, schmerzliche, grosse und kleine. Ich versuche, eine Überraschung zu beschreiben, die ich auf einer Wanderreise in der Provence erlebt habe.

Es war September 1994, als ich eine Wanderreise in die Provence unternahm. Wir hatten schon etliche Sehenswürdigkeiten besucht, waren durch viele interessante Landschaften gewandert. Leider war das Wetter nicht ganz so schön. An einem Tag regnete es beim Aufstehen und Frühstücken. Unsere Wanderleiterin bestand darauf, dass wir uns dennoch auf den Weg machten. Es gab zwar etliche lange Gesichter, aber da wir folgsame Schweizer waren, gingen wir mit. Wie üblich holte uns der Bus ab, um uns an den Start der Wanderung zu bringen. Die Reiseleiterin diskutierte mit dem Chauffeur und lotste ihn in Richtung Les Baux. Ein grandioses Felsenpanorama öffnet sich uns. Sie erzählte von diesem Felsenort, der hauptsächlich von echten und Möchtegern-Künstlern bewohnt wird. Wir aber fuhren ein Stück weiter zur Cathedrale d'Images. Das ist keine Kirche, sondern ein Steinbruch. Was sollten wir in einem Steinbruch? Deren haben wir in der Schweiz auch. Wir sollten hier im Trockenen auf sie warten, sie würde Tickets holen. Was soll das? Eintritt zahlen, um einen Steinbruch zu besichtigen? Sie kam zurück und führte uns zu unserer Überraschung in den Berg hinein. Riesige Hallen taten sich auf, mit ganz glatten Wänden. Und auf diesen Wänden wurde uns ein Zirkus projiziert, mit allem Drum und Dran: die Einfahrt der Zirkuswagen, das Aufstellen des Zeltes, die Musik, die Trapezkünstler, Jongleure, Tierdressuren, Clowns usw. Ja, auch Plakate, zum Beispiel das berühmte Knie-Plakat von Erni und andere. Man fühlte sich in einer anderen Welt, wanderte durch die Hallen, hörte die Musik zu den Bildern und kam aus dem Staunen nicht heraus. Mich hat das zutiefst berührt; es war eine grosse Überraschung.

Erlebt

Graziella Brusadelli

Herbstferien am 29. September 1974. Mit Freude wurden unsere Rucksäcke vollgestopft, um damit, fort aus der Stadt, in die erfrischende Natur mit Ziel Hoch-Ybrig zu fahren, wo wir, mein Mann und ich, mit unseren zwei jüngsten Kindern, fünf- und neunjährig, für vierzehn Tage leben wollten. Wir hatten von der Reka (Schweizer Reisekasse) dort eine Zweizimmerwohnung in einem Block gemietet. Also, los aus der dichten Stadt Basel, mit unserem Fiat, Richtung Innerschweiz bis zur Talstation der neuen grossen Hoch-Ybrig-Seilbahn. Dort mussten wir das Auto parkieren. Jeder nahm seinen Rucksack, und schon befanden wir uns mit Freude und Spannung in der Seilbahnkabine. Nach einer Weile Bergfahrt, die erste Überraschung war nicht zu übersehen: ein Wald voll weisser Tannenspitzen. Die Kinder jubelten. So stieg die Seilbahn immer höher und höher, und bei der Endstation fanden wir die zweite Überraschung: Nicht nur die Tannenspitzen waren weiss, sondern alles, auch die noch mit grünem Laub und roten Vogelbeeren behangenen Bäume, hatte eine weiche, weisse Decke. Herbstferien oder Winterferien?

Nach circa einer halben Stunde Fussweg entdeckten wir unseren Block. Die Wohnung fanden wir warm und schön. Jedes Mitglied bestimmte sein Bett und ein Tablar im grossen Wandschrank, um alles zu verstauen, was im Rucksack war; und bald waren alle müde und schlüpften gerne unter die weiche Decke. Gute Nacht.

Am Morgen darauf, als wir ans Fenster gingen, sahen wir einen stahlblauen Himmel und über der Landschaft eine strahlende Sonne. Adieu Schnee, dachte ich. Die Kinder wollten gleich das herbstliche Weiss geniessen, und nach einem kräftigen Frühstück waren sie schnell draussen. Der Schnee war nass. Das störte sie nicht, sie machten Schneeballschlachten, versuchten einen Schneemann zu bauen usw. Der Papa machte mit, die Zeit verging schnell, der Hunger machte sich bemerkbar. Natürlich fanden sie den Tisch gedeckt, und es roch sehr gut beim Eintreten in die Wohnung. Aber die Kinder durften sich nicht sofort an den Tisch setzen, sie mussten sich zuerst umziehen, denn alles, was sie anhatten, war regelrecht nass. Auf der Heizung wurde alles, was trocknen musste, ausgebreitet, und – en Guete mitenand.

Die Kleinen wollten sofort nach dem Essen wieder ins Freie, aber eine Stunde Ruhe wurde angesagt und folgsam eingehalten, und dann mit Jubel wieder in den Schnee. Bald zeigten sich Wolken am Himmel, die wie ein dicker Vorhang die Sonne verdeckten. Ich dachte, das zeigt sicher Regen an. Adieu Schnee, denn es war auch nicht winterlich kalt. Den Kindern machten die Wolken keine Sorgen, der Schnee war ja noch da. Noch einmal wurden, am Schluss des Tages, zu Hause die Kleider zum Trocknen ausgelegt, und die Pyjamas waren erwünscht. Der erste herrliche Tag war zu Ende.

Nach einer erholsamen Nacht mussten wir gleich wissen, wie es draussen aussah. Die Storen wurden aufgerollt und kaum wahr: Herrlicher Sonnenschein und auf dem breiten Balkongeländer war eine dicke Schicht Neuschnee. Welche Überraschung. Nun gingen wir alle vier nach dem Frühstück Richtung Bergstation, denn dort war auch ein kleiner Einkaufsladen, und ich wollte nach Basel telefonieren, damit die Daheimgebliebenen uns die Gummistiefel per Post schicken sollten, denn die waren jetzt nötig, damit wenigstens die Socken trocken blieben. Von der freundlichen Ladenfrau erhielten die Kinder je einen gelben Bobschlitten. Wieder war dies eine grosse Überraschung, und so ging es weiter, vierzehn Tage lang: tagsüber Sonnenschein, über Nacht Neuschnee. Es waren herrliche Herbst- oder Winterferien voller Überraschungen.

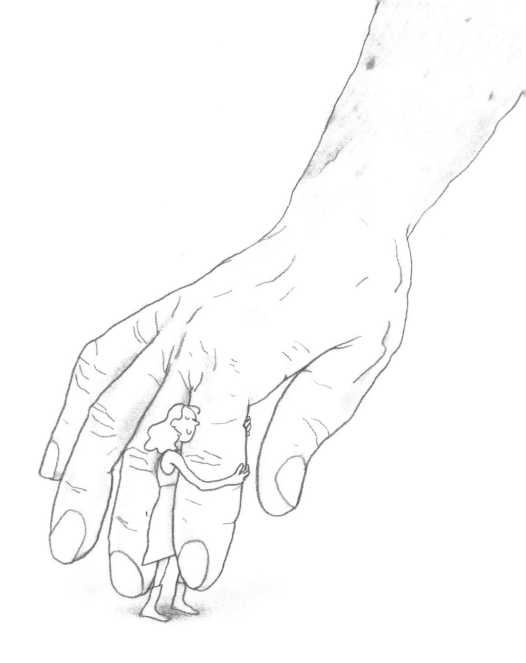

Eine wichtige Person

Wie er wirklich war

Selma Meister

Über die Beschreibung einer Person habe ich lange nachgedacht. Sie ist schon viele Jahre an einem anderen, besseren Ort. Ich hoffe, sie dann wiederzusehen. Dieser Mann ist und wird jedoch immer in meinem Herzen sein. Seine Liebe und Güte sind unvergesslich. Seine schönen, blauen Augen haben die auch ausgestrahlt. Im Dorf war er sehr beliebt und hilfsbereit. Er hat sehr viel gearbeitet, man hat es seinen grossen Händen angesehen. Sie haben viel ausgesagt. Seine Bescheidenheit hat mich immer sehr beeindruckt. Er war ruhig und besonnen, konnte aber auch lustig sein und Sprüche machen. Die Tiere in seinem Hof hat er sehr gut behandelt. So ergibt sich ein Bild meines Vaters, wie er wirklich war, liebster Vati!

Knallrote Kirschen

Graziella Brusadelli

Eine Person beschreiben – für mich nicht einfach, dennoch versuche ich es.

Es ist Sonntagmorgen, ich komme vom Frühstück zum Lift, um in meine Wohnung zu gehen. Da höre ich einen freundlichen Gruss. Ich schaue hin, und wen sehe ich: Die an diesem Wochenende beauftragte Person, um uns in der Senevita, wenn nötig, behilflich zu sein, ja, eine glücklich aussehende Dame, mit sehr liebem Blick, kommt auf mich zu. Ich beantworte den Gruss, und gleich strahlen mir knallrote Kirschen entgegen, welche sie an ihren Ohren hängen hat. Ich zeige ihr meine Überraschung, aber auch meine Freude, denn dieser ungewohnte Schmuck scheint mir besonders und auch toll. Auch sehe ich ihr langes, gewelltes, schönes Haar kunstvoll auf ihrem Haupt befestigt, und sie trägt eine farbige, geblümte Bekleidung. Alles passt nach meinem Gutdünken wirklich zusammen, ein wenig Folklore. Dies alles erzeugt in mir eine fröhliche Stimmung. Es ist schön! Danke!

Der Kameramann

Annelis Dickmann

Sein Beruf, Kameramann des Schweizer Fernsehens, ermöglicht ihm, das Reisen in alle Kontinente und seine Bilder in die Wohnstuben zu senden. Oft erkenne ich seine Bilder, seine Sicht der Dinge, einfühlsam und still.

Frauen unter indigoblauen Burkas, in einem versteckten Spital, zur Zeit der Taliban in Afghanistan. Eine Ärztin riskiert ihr Leben, um den Frauen zu helfen. Die Kamera, getarnt in einem Abfallsack, erfüllt den Wunsch dieser Frauen, ihre Not der Welt zu zeigen.

Das Wort ist nicht seine Stärke. Gerne hörte ich mehr von seinen Abenteuern. Sein Leben sah so anders aus als das meine. Ich beneidete ihn und warf ihm Desinteresse vor. Er schenkte mir ein Video über mich, mit Gesprächen und Bildern aus meinem Leben. Er höre lieber unsere Alltagsgeschichten, sagte er, und erhole sich dabei von der Flut der Bilder. So komme er heim in seine Realität, dem Bauen an seinem Bauernhaus, ein typischer Riegelbau im Zürcher Oberland, denkmalgeschützt. In seinem Stall, zu einer Möbelrestaurierungs-Werkstatt eingerichtet, stehen alte Kästen, Tische, Kommoden, bereit, sorgfältig aufgefrischt und poliert zu werden. Ein Requisit: Eine lebensgrosse Kuh aus Karton leistet ihm Gesellschaft.

In seinem Garten, den mit Buchsbaum eingerahmten Beeten, wie in alten Zeiten, gedeiht alles für die Küche und Rosen. Sein Obstgarten war Treffpunkt für uns Geschwister mit Familien zur Apfelernte. Attraktion waren die Fahrten mit dem alten Traktor; und der Braten, zubereitet vom Chef persönlich, war eine Delikatesse. Aber auch Nahrung für das Gefühl der Zusammengehörigkeit, des Besonderen im Anderen, dem Wissen: Ich habe einen Bruder.

Der Wurps

Doris Plüss

„Hallo! Hallo! Was machst du da? Das hört ja nicht auf. Ich schau dir jetzt schon mehrere Tage zu, wie du die Bücherregale räumst. Die Bücher in Schachteln verpackst. Einen Teil schreibst Du mit gelben Zetteln an und den Rest willst Du weggeben. Du kommst meinem Regal verdächtig immer näher und näher. Werde ich auch weggeräumt, in eine Schachtel verpackt? Und dann wohin?"

Oh Entschuldigung, dieses Gekrächze kommt von meinem kleinen Mitbewohner, den ich vor circa 37 Jahren in einem kleinen Laden an meinem Arbeitsweg zu meiner Praktikumsstelle in Rheinfelden gesehen habe. Mit vielen anderen dieser schrulligen Wesen, in allen Grössen und allen Farben, hing er im Schaufenster dieses kleinen, faszinierenden Ladens. Wir begrüssten uns jeden Morgen und jeden Abend, und ich war sicher, den muss ich bei mir aufnehmen. Also habe ich ihn gekauft und zu Hause an dem damals noch kleinen Bücherregal mit seinem Gestell platziert. Er konnte aus dem Fenster schauen und war somit den ganzen Tag beschäftigt.

Nun fragen Sie sicher: Was ist ein Wurps? Ich wusste es damals ja auch noch nicht, aber die freundliche, lustige Wurpsproduzentin hat mich aufgeklärt. Ein Wurps ist ein gutartiger Erdgeist aus den norddeutschen Moorgebieten. Seine Farbe ist von seinem Alter abhängig. Je dunkler er ist, umso älter ist er. Sehr helle Wurpse sind noch Säuglinge, also höchstens zweihundert Jahre alt.

Meiner ist dunkelrot, grün und braun. Ich schätze ihn circa sechs- bis achthundert Jahre alt.

Ich habe ihn natürlich nicht weggegeben, sondern beim Umzug ins Senevita eingepackt und mitgenommen. Wieder hängt sein Gestell am – heute ein bisschen grösseren – Bücherregal, am Fenster, im Schlafzimmer. So kann er alles beobachten, was draussen und drinnen geschieht. Für mich bleibt er mein Schutzgeist und wacht auch über meinen Schlaf.

Wie er sich mit meinem Kater und dessen Vorgängern und Vorgängerinnen (insgesamt vier) austauscht, ist mir ein Rätsel. Doch bin ich mir sicher: Irgendwie geschieht es auf irgendeine Art und Weise. Sie sind weise, rätselhafte Tiere, und er ist ein uralter, weiser Erdgeist.

Verkleiden

Stress vor dem Kleiderkasten

Annelis Dickmann

Was ziehe ich heute an? Diese Hose ist schwierig anzuziehen, dieser Jupe. Beides habe ich diese Woche schon getragen. Die Farben taubenblau und rot sind zu frech, zu auffallend. Und morgen Abend zur Einladung?

Zu diesem Kostüm passt diese Bluse nicht, wirkt overdressed. Aber dieser Pullover? Den mag ich nicht, er ist zu gross und zu warm. Ich habe doch eine Jacke, die mit dem Jupe gut aussieht. Wo, an welchem Bügel hängt sie? Stimmt, sie ist im Wäschekorb, bügelt sich nicht selber. Waschen sollte ich noch. Aber jetzt?

Wie ist das Wetter? Im Kasten wühlend, die Bügel schiebend, stehe ich vor dem vollgestopften Schrank.

Was würde ich anziehen wollen, wenn es zu haben wäre? Ganz andere Farben, andere Formen. Also, in den Kleiderladen, vorher irgendwas überziehen. Womit kann ich gefallen? Schwarz ist elegant, schwarz wirkt depressiv. Das zeigt mich dick, jenes billig, zu wenig dezent. Darin fühle ich mich wohl.
Im Laden ist alles so neu. Wirklich? Jupe, Hose, Kleid. Seit Jahren kaufe ich dasselbe neu. Variationen von Farbe und Form, aber neu, morgen, in meinem Kasten hängen sie schon, getragen, diese Woche. Was ziehe ich an? Ich habe nichts anzuziehen.

Verkleiden und Fasnacht

Nina Jud

Gehört das zusammen? Ja und nein. Ich erinnere mich, wie wir als Schulmädchen, vielleicht fünfte oder sechste Klasse, bei einer Kollegin so ein Verkleidungsfest durchgeführt haben. Sie hatte im Estrich eine grosse Truhe mit Kleidern drin, und wir durften anziehen, was uns gefiel. Ich fand das ganz bald blöd. Sich ständig an- und ausziehen, das ist doch doof. Das hat sich durch mein ganzes Leben gezogen. Ich bin auch keine Fasnächtlerin.

Aber zusehen, das tue ich gern. Ich freue mich an den Farben, an der Kreativität, an den Sujets. Mein Mann und meine Tochter waren und sind aktiv dabei. Mein Sohn und ich sagen immer: Ihr braucht ja auch jemand, der zuguckt.

Aber ich glaube, das Verkleiden hat noch einen anderen Sinn. Jede Uniform ist doch auch eine Verkleidung. Das bedeutet, sich einer Gruppe zugehörig zu fühlen, sich zu erkennen geben, also sich nicht zu verstecken. Anders die Chaoten, die sich schwarz mit Kapuzen unkenntlich machen, die sich verstecken müssen, weil sie was Dummes im Sinn haben. Die Fasnächtler spielen irgendeinen Missstand aus. Die Schauspieler schlüpfen in eine Rolle, wenn sie das Kostüm anziehen. Sie verkleiden sich. Also alle, die sich verkleiden, möchten jemand anderer sein. Nein, das brauche ich nicht.

Nicht nur an der Fasnacht

Graziella Brusadelli

Beim Theater, bei Geburtstagsfesten, Familientreffen, Weihnachten und so fort gibt es viele Gelegenheiten, um sich zu verkleiden, nicht nur an der Fasnacht. Ich berichte einige:

Zum Beispiel an Weihnachten. Kinder verkleiden sich gerne. Da ist eine Truhe mit allerlei Tüchern, Vorhängen, Schleiern, Bändern, Spitzen, Fellen, Hüten, Taschen, Kapuzen, Wäscheklammern. Die Fantasien kommen in vollen Gang, unkompliziert machen alle mit, Kinder in jedem Alter, Frauen und Männer, auch die etwas ältere Generation. Niemand will untätig sein, und nach fleissigem Probieren erkennt man alle Personen für eine improvisierte Weihnachtsaufführung. Die vielen Fotos im Album sprechen immer noch davon.

Ein anderes Mal. Beim Hochzeitsfest von einem Grosskind wurde ich gefragt, ob ich mitmachen will bei der Unterhaltung. Ja, ich probiere. Ich bekam ein weisses, langes Herrennachthemd, einen breiten, roten Tüllkragen, dazu rote Handschuhe und rote Socken, einen mehrfarbigen Strohhut, und in die Hand bekam ich eine rote Laterne. Dann wurde mein Gesicht mit etwas Schminke verschönert, eine Clownnase aufgesetzt. Ich bekam die Aufforderung, meine jüngste Tochter, welche die Hauptrolle – auch als Clown – spielte, mit meiner brennenden Laterne zu beleuchten. So ging es los, und es wurde wirklich viel gelacht.

Ein anderes Mal, auch bei einem Familienfest, gab es keine Vorschrift wegen der Bekleidung. Jedes Mitglied durfte erscheinen, wie es wollte. Nur die Farbe Rot musste sichtbar sein. Das brachte einen unerwarteten Effekt, sogar die untergehende Sonne spielte mit und beleuchtete die ganze Umgebung in Rottönen.

Und wieder an einem anderen, runden Geburtstagsfest ging es ganz lustig zu, eben wegen der Verkleidung. Bei einem Sketch wurde die Szene ausgewechselt, der junge Schwiegersohn wurde in ein junges Modetüpfi verwandelt, und die junge Tochter präsentierte sich sogar als ein echter Araber. Das Gelächter war gross, als die beiden entpuppt wurden, denn die Beine waren nicht verkleidet.

Wieder bei einem Fest wurde gewünscht, alle Eingeladenen sollten mit einer originellen Kopfbedeckung erscheinen. Das war ganz besonders, so eine Vielfalt, von der Badekappe bis zum Pelzhut war fast alles präsent, Militärhelm, Zylinder, Kopftuch, Velocasco, Spitzenhaube, Hochzeitsschleier, Sennenkäppli, Bettlerhut, Strohhut mit zierlichen Blumen, Kapuze, Zwerglikappe, Indianerfederschmuck, Turban – könnt Ihr Euch die interessanten Köpfe vorstellen?

Also, übers Jahr verteilt, kann es sehr lustig werden, nicht nur an den drey scheenschte Dääg.

Heimisch

Vreni Indlekofer

Als hochkarätige Zürcherin habe ich im Jahr 1962 meinen späteren Ehemann (einen hochkarätigen Basler) kennen gelernt. Bald besuchte ich mit ihm meinen ersten Morgestraich. Dieser war sehr schön und aufregend für mich. Der Rest der Fasnacht – naja, das ging so nebenher. Auch Käsewähe, Zwiebelwähe und Mehlsuppe waren natürlich super; aber mit dem Rest der Fasnacht, da passte ich nicht dazu.

Im Jahr 1965 sind wir dann ganz nach Basel umgezogen. Das war zu Beginn schlimm. Ich hatte Heimweh nach Zürich, mit seinem See. Mein Mann hatte viel Verständnis. Er zeigte mir so viele schöne Orte in Basel, so wurde ich bald heimisch. Oft sagte er auch an einem Samstag: Heute verbringen wir einen Tag in Zürich. So machte er seine Vreni überglücklich. Zum Beispiel schlenderten wir durchs Niederdörfli, wir gingen fein essen, und wenn am Abend dann die vielen Glocken der diversen Kirchen erklangen, dann hüpfte mein Herz vor Freude. So was Schönes gibt es nur einmal, und ich kehrte freudig nach Basel zurück.

Als mein Mann im Jahr 2002 an Krebs starb, meinten meine Familie und meine Freunde, ich käme nach Zürich zurück. Aber das geht nicht: Mein Zuhause ist hier in Basel, da gehöre ich hin.

Theater-Weihnachten

Madeleine Bollinger

Ich sechsjährig, meine Schwester vier. Weihnachten feierten wir Zuhause am Heiligabend, bei den Grosseltern am 25. Dezember. Schon Wochen vorher verschwand mein Vater am Abend in die Mansarde. Meine Mutter erklärte uns, dass er dort besser allein arbeiten könne. Aber was arbeitete er denn? Tagsüber war er doch im Geschäft und am Abend bei uns.

Weihnachten kam. Wir Kinder konnten es kaum erwarten, in die gute Stube mit dem Weihnachtsbaum eingelassen zu werden. Endlich das Glöcklein. Was stand da neben dem Baum? Ein fast mannsgrosses Kasperlitheater, in vielen Stunden angefertigt von meinem Vater, natürlich mit Hilfe des Christkinds. Blau, mit vielen bunten Figuren bemalt, ein Vorhang zum Aufziehen. Einfach wunderbar! Aber wo waren die Kasperlifiguren? „Kinder wartet!" Meine Eltern machten sich hinter dem Theater zu schaffen, und wir waren aufs Äusserste gespannt. Der Vorhang wurde aufgezogen, und die Vorstellung begann. Mein Vater mit Zipfelmütze als Kasperli, meine Mutter mit Kopftuch als seine Grossmutter. So spielten meine Eltern etwa eine halbe Stunde, und wir waren hell begeistert.

Am anderen Tag bei den Grosseltern an der Sommergasse, anwesend alle Tanten und Onkel mit Kindern, so an die fünfzehn Personen. Zuerst wurde gesungen, ein kleines Krippenspiel aufgeführt, geschrieben von meiner

Mutter und mit uns Kindern vorher eingeübt. Ich als älteste, war der Josef im langen Mantel, meine Schwester, im blauem Nachthemd die Maria, darum herum einige Engel, in weissem Nachthemd und Flügeln. In der Krippe der jüngste Cousin oder eine Cousine, meistens schreiend. Dann die Bescherung. Wir bekamen nun von unseren Verwandten die selbst angefertigten oder gekauften Kasperlifiguren. Aber meine Schwester und ich waren nicht so begeistert, wie unsere Tanten und Onkel gedacht hatten, freuten wir uns doch nur auf Zuhause, weil wir von unseren Eltern eine weitere Vorstellung erwarteten, natürlich mit Vater als Kaspar und Mutter als seine Grossmutter. Es dauerte eine Weile, bis wir auch das Spiel mit den Figuren lustig fanden.

Hausarbeit

Es war einmal, vor vielen, vielen Jahren

Graziella Brusadelli

Jung verheiratet, hatte nie einen Haushalt geführt, bin voll eingestiegen. Ich kannte etwas von ein paar Tagen Hauswirtschaftsschule. Eine Tante aus Italien hatte mir im Kochen etwas beigebracht, Béchamel und einiges Einfaches. Gut, ich probierte, meine Fantasie war aktiv, ich improvisierte. Es machte mir Spass, schnell steigerte sich mein Wissen, und ich zauberte Geniessbares auf den Tisch.

Putzen: eine grosse Sache! Der Holzboden, altes Parkett, wurde mit der Kraft der Beine, ab und zu mit Stahlspänen, gerieben, mit Besen gewischt, mit feuchtem Lappen und Strupper staubfrei gemacht, dann auf den Knien gewichst, mit Blocher auf Hochglanz gebracht, und so war die ganze Stube für längere Zeit wieder schön. Diese Arbeit machte auch Freude.

Frühlingsputzete: ein Abenteuer. Die Matratzen auf den Balkon: an die Sonne, ab und zu gewendet, mit Teppichklopfer geklopft, gebürstet. So waren sie für ein Jahr tipptopp. Das Federzeug auch an die Sonne: geschüttelt, gewendet. Den Fussboden wie in der Stube behandelt, und anschliessend gab es einen tiefen gesunden Schlaf. In der Stube wurde mit Holz geheizt, da gab es zusätzlich Putzarbeiten.

Wäsche: Gewaschen wurde einmal im Monat. Am Vortag wurde die angesammelte Wäsche sortiert, Weisses und Farbiges, alles aus Baumwolle – ich kannte noch keine Kunstfasern – und in Sodawasser eingeweicht. Darauf mit dem Stöpsel gestöpselt, um den Schmutz zu lösen. Das Weisse aus der Lauge mit dem dicken Holzstecken über einen Holzblock geschlagen zum Abtropfen. Der Kupferwaschhafen, gefüllt mit Wasser, mit Holz geheizt, die abgetropfte Wäsche in den Hafen gefüllt, zum Kochen gebracht und mit dem Holzstecken immer wieder bewegt. Riesenarbeit. Darauf in den Waschtrog, immer mit dem Stecken, und heisses Wasser vom Waschhafen darüber laufen lassen, und auch hier, immer wieder, die Wäsche bewegt. Im zweiten Trog anschliessend mit kaltem, fliessendem Wasser immer wieder gespült, bis das Wasser klar erschien. Die ganze Wäsche wieder über dem Holzbock zum Abtropfen gebracht, um sie anschliessend im Hof, am gespannten Wäscheseili, in Sonne und Wind zu trocknen. Die Socken, Strümpfe, Wollenes wurde von Hand gewaschen, in der Küche. Das Gleiche mit den Windeln. Diese Prozedur dauerte zwei Tage. All das kann man sich heute gar nicht mehr vorstellen, aber ich habe es noch erlebt.

Kein Problem

Annelis Dickmann

Das bisschen Haushalt ist doch kein Problem, sagte mein Mann. Ein Song von Vivi Bach, den ich oft gesungen hatte. Nach dreizehn Jahren KKK wollte ich wieder ins Berufsleben einsteigen. Kinder, Küche, Kirche – die traditionelle Rollenteilung und meine Abhängigkeit wurden mir durch Simone de Beauvoir klar, beunruhigten mich. In meinen alten Pflegeberuf zurück mochte ich lieber nicht. Ratlos träumte ich nicht von Emanzipation, aber von echter Partnerschaft.

Zufällig traf ich einen Seglerfreund meines Mannes. Er war Buchhändler und bot mir eine Halbtagsstelle an, mit den Worten: Du willst normal bleiben. Daraus schloss ich, Hausfrau als Beruf sei nicht normal aus der Sicht eines Arbeitgebers.

Der Familienrat tagte, eine Gewohnheit, die den Kindern ermöglichte, ihre Wünsche anzubringen und zu verteidigen. Hotel Mama reduziert seine Dienste. Heftiger Protest, wir haben viele Hausaufgaben, keine Zeit für Hausarbeit. Es ist auch euer Haushalt, es geht nicht darum, mir zu helfen, sondern darum Verantwortung zu übernehmen in dem Rahmen, den wir jetzt abstecken. Mein Vorschlag: Jeder hält Ordnung in seinem Zimmer. Einmal in der Woche werde ich staubsaugen. Einverstanden? Weder ja, noch nein. Für mich die erste Hürde gewonnen, der Widerstand wird sich zeigen. Die Wäsche wird nur aus dem Waschkorb gewaschen. Die saubere

Wäsche lege ich auf den Stuhl, ihr räumt sie in den Kasten, die Socken als Paar. Einverstanden? Sind sie erleichtert, haben sie mehr erwartet? Mittagessen bitte zur Zeit. Um 13.30 muss ich an der Eisengasse sein, bis 19 Uhr. Es gibt ein gewohntes Essen, das Abendessen hingegen um 19 Uhr wird von euch vorbereitet. Im Prinzip Brot mit dem, was ihr im Kühlschrank findet, was ich vorgekocht habe. Geschirr nach dem Nachtessen abwaschen. Ihr teilt euch die Arbeit. Auch du, Lukas. Es gibt keine „Weiberarbeit", nur bequeme junge Herren. Lesen ist gut und schön, aber nicht die anderen die Küche aufräumen lassen. WC-Sitzungen nur ausserhalb des Küchendienstes. Den schulfreien Nachmittag müssen wir festlegen. Bettina, du kannst zu mir kommen, du kennst ja meinen Chef. Etwas zu tun, gibt es sicher. Sibylle, Lukas, ihr teilt eure Zeit ein. Eure Hausaufgaben zeigt ihr mir oder Vater nach dem Nachtessen.

Besorgte Fragen, aber auch Verständnis. Sie sind noch nicht ganz einverstanden. Bekommen wir mehr Taschengeld? Damit rechnen sie. Die letzten dreizehn Jahre gehörte der Tag uns. Wir entschieden, was wir tun oder lassen sollten, nicht nur für mich eine Umstellung. Ist doch kein Problem, sagt mein Mann. Ob er den Haushalt seiner Eltern mit Dienstboden vermisst? Patriarchalisches Verhalten kann er nicht ganz verleugnen, verspricht mir aber Unterstützung.

Organisieren, den Zeitplan und Aufgaben auflisten, den Vorrat auffüllen, Menu planen, damit die Ernährung ausgewogen, die Freude am Essen gesichert ist. Ich schwanke zwischen Tatendrang und Bedenken. Die halbe

Zeit steht zur Verfügung, um sechs Zimmer, Bad, Toiletten, Küche einigermassen in Ordnung zu halten. Keine ausgedehnten Kaffeepausen mehr mit einem Buch? Die halbe Zeit in einem Beruf, der vollen Einsatz verlangt. Bücher werden eine grosse Rolle spielen, erlösen mich aus meinem einsamen Hausfrauendasein, dem ich nachtrauern werde, als noch mehr Zeit blieb für die Familie, Kreativität und Selbständigkeit.

Punkto Hausarbeit

Nina Jud

Wie hat sich die Hausarbeit in den letzten Jahren verändert! Zum Beispiel der Waschtag. In meiner Kindheit war es wirklich noch ein Tag. Frühmorgens musste der Waschkessel eingefeuert werden. Dann wurde die Lauge vorbereitet, und wenn diese heiss war, wurde die am Vorabend eingeweichte Wäsche in die Trommel getan. Es musste darauf geachtet werden, dass das Feuer immer richtig war, also nicht zu stark und nicht zu schwach. Bei uns zu Hause waren wir schon fortschrittlich. Ein Motor drehte die Trommel in der heissen Lauge. Nach getaner Waschzeit, vielleicht eine Dreiviertelstunde, wurde die Wäsche mit einem Holzstab herausgenommen und in den Trog mit Wasser gehisst. Das war schwer, heiss und dampfte. Der Trog hatte zwei Abteile, so dass die Wäsche zum Spülen von einem Abteil ins andere getan werden konnte. Wir besassen bereits eine Wäscheschwinge. Das ersparte das Auswringen von Hand. Dann ging's ans Aufhängen. Hoffentlich war schönes Wetter, denn das Trocknen geschah draussen.

  Heute steckt man die Wäsche in die Maschine, tut etwas Pulver dazu, drückt den Knopf – und kann sich einen Kaffee genehmigen. Na, bügeln muss man noch selbst. Aber auch die Bügeleisen haben sich zum Guten gewandelt. Sie sind nicht mehr so schwer und machen selbst Dampf. Ich bügle gern. Es ist etwas Schönes, saubere und schön zusammengelegte Wäschestücke im Schrank zu versorgen.

Wer kennt heute noch Stahlspäne? Das war auch so eine mühevolle Hausarbeit: die Holzböden auf Hochglanz bringen. Zuerst musste „gespänelt" werden, dann wurde Bodenwichse aufgetragen. Diese musste trocknen, dann wurde „geblocht". Ach, war der Blocher schwer.

Heute geht doch alles viel einfacher, leichter und schneller. Heute saugt der Roboter den Staub. Ob er es auch in die Ecken schafft? Die Gläser, Teller und das Besteck verschwinden in der Maschine und kommen sauber und trocken wieder heraus. Sogar bücken muss man sich nicht mehr. Die Geschirrschublade kommt von selbst nach oben.

Abstauben und Ordnung halten muss ich noch selbst. Aber den Teppich lege ich nicht mehr über die Stange und klopfe ihn kaputt. Da hole ich mir professionelle Hilfe. Auch die Matratzen und das Bettzeug lasse ich nicht mehr in der Sonne „bräteln". Ja, es hat sich, in punkto Hausarbeit vieles geändert.

Sommer

Mag er den Sommer?

Nina Jud

Nein, er mag ihn nicht. Auch wenn er jetzt einen Entrüstungssturm provoziert, nein, er mag den Sommer nicht. Er ist ein gemässigter Typ, Frühling und Herbst sind seine Jahreszeiten. Nein, er mag den Sommer nicht.

Nicht die gleissende Sonne, die den Augen wehtut, einem ein Loch ins Fell brennt, alles austrocknet und Wassermangel hervorruft. Jetzt kann er nicht mal mehr sein Auto waschen. Alles hat Durst. Die Pflanzen lassen ihre Blätter fallen, um die Verdunstung zu reduzieren. Alle schwitzen und riechen dementsprechend. Sogar das Denken macht schwitzen. Und dann kommen schwarze, dräuende Wolken auf. Weltuntergangsstimmung! Es blitzt und donnert. Der Blitz kann Bäume, Tiere und Menschen töten. Er kann Feuer entfachen, und es ist kein Wasser da, um zu löschen. Und dann kommt der Hagel, pingpong-grosse Eiskugeln fallen auf die Erde, machen Beulen ins geliebte Auto, und vor allem zerfetzen sie die verbleibenden Blätter. Die Bäume sind entlaubt, wie im Winter. Die Bäche laufen über die Ufer und überschwemmen Felder, Strassen, Häuser, weil die ausgetrocknete Erde das Wasser nicht aufnehmen kann. Der kostbare Humus wird weggeschwemmt, die Ernte vernichtet. Nein, er mag den Sommer nicht.

Hitzesommer 2003

Madeleine Bollinger

Ganz allein liege ich auf einem Regal in einem Geschäft, das Geräte für den Haushalt verkauft. Noch vor ein paar Tagen war ich umgeben von vielen Geschwistern, Ventilatoren in allen Grössen. Es ist Sommer, heiss, und die Menschen suchen Kühlung mit einem künstlichen Wind. In dieser Sparte bin ich der kleinste. Alle, die grösser sind als ich, wurden in den letzten Tagen abgeholt. Manchmal gab es Streit, es wurde laut, weil sich die Leute unbedingt einen Ventilator kaufen wollten. Nur mich beachtete niemand. Auf den ersten Blick erkennt man meine Qualitäten nicht; ich bin zugeklappt, mein Inneres versteckt.

Ein Schatten fällt auf mich, ich werde hochgehoben, aufgeklappt und höre die frohe Stimme eines Menschen, der genau mich gesucht hat. Ich werde in eine Schachtel gesteckt. Durch einen Spalt kann ich nach draussen sehen. Ich fahre Tram, werde zu einem grossen Haus getragen. Der Mensch und ich steigen in einen Lift, der sprechen kann: zweiter Stock, Zimmer 201 bis 220. Noch einige Schritte, und wir betreten einen Raum, der mir fremd vorkommt. Ein Bett, darin eine Frau, die uns mit leiser Stimme begrüsst. Ich werde ausgepackt und sehe nun alles ganz genau. Es ist sehr heiss im Raum und nirgends bemerke ich eines meiner Geschwister. Ich bin also der einzige Ventilator hier drin. Die Frau, die flach auf dem Rücken liegt, nimmt mich mit einem freudigen

Ruf entgegen, öffnet mich, und sofort setze ich meine Flügel in Bewegung. Nun stellt sie mich auf ihre Brust und sagt: Endlich kann ich atmen.

    Ich bin glücklich dort angekommen, wo man mich willkommen heisst.

Stichwörter

Graziella Brusadelli

Sommerferien, Sommerkleid, überfüllte Autobahn, Schneckentempo, Stau, Autodach brennt, Aushalten, Ziel vor Augen behalten = kühles Meer, Glacé, Pinienwald. Liegestuhl, Musik, Begegnungen, kurze Nächte, Freiheit, Sternenhimmel.

Variante: Eisenbahn, Luftseilbahn, Zahnradbahn, Sessellift, Tannenwald. Gletschernähe, Murmeltiere, Bergseen, fremde Sprachen, Zelten, Sternschnuppen, so ein Reichtum.

Sommer + Sonne = zwei Wörter, ähnlich wie Zwillinge, heiss, hell, Sonnenbrand, Sonnencreme, Sonnenhut, Sonnenbrille, Sonnenblume, Sonnenschirm.

Gewitter, Blitze, Donner, dicke Regentropfen, Abwechslung, Abkühlung, toll oder Angst.

Pilgerzeit

Annelis Dickmann

Mit dem Schild «Hotel St. Josef» und einem Holzkarren zum Ziehen warte ich am Bahnhof auf die Pilger aus dem Elsass. Sie werden den Hotels zugeteilt. Ihre Taschen oder Koffer stellen sie in meinen Wagen und folgen mir das Dorf hinauf, um ihre Zimmer zu beziehen. Hie und da bekomme ich fünf Rappen zum Dank als Taschengeld.

Das kleine Hotel, eine Pilgerherberge, dem Kloster direkt gegenüber, wird von drei Schwestern geführt, meinen Tanten. Gret, die älteste, ist zuständig für die Zimmer. Auf dem Dach des Hauses, ein Blechdach, ist das Waschhaus und die Wäschehänge. Die blütenweissen Betttücher trocknen an der Sonne und können am selben Tag zusammengelegt werden. Dabei zu helfen, ist eine meiner Aufgaben. Spannend erzählt Gret von Erlebnissen mit den Gästen oder von ihren Ausflügen mit dem Moped. Ihr Geburtsdaten-Gedächtnis ist phänomenal.

Sommer ist der Duft der frischen Wäsche auf dem heissen Blechdach, ein leichter Wind kühlt und trocknet.

Josys Reich ist die Küche. Die Pilger haben ihre Standardmenus. Bratwurst und Teigwaren, Suppe und Salat oder Braten, Salzkartoffeln, zum Dessert Meringues mit Schlagrahm und eine Scheibe Ananas oder Schokoladencreme. Der Kreativität sind Grenzen gesetzt, die Menge kann so besser bewältigt werden. Josy ist die Vernünftige, Ausgeglichene im Trio, die Schweigende.

Sommer sind riesige Eisblöcke, geliefert mit dem Pferdewagen, aus der Eisfabrik, in den Eisschrank im Keller.

Die Geschäftsführerin ist Rösy. Sie befiehlt nicht, sagt aber lautstark ihre Meinung und ihre Wünsche. Mit ihr habe ich Lieder von Artur Beul, das Landlied, Operettenarien kennen und singen gelernt. Sie fragt mich nach meiner Meinung und rügt mich, wenn ich nicht das denke, was sie erwartet. Zuckerbrot und Peitsche, etwas gemildert mit Fröhlichkeit. Sie führt die «Stube», reserviert die Zimmer, serviert, zieht das Geld ein, hält das Lokal sauber, füttert den Kanarienvogel im Käfig, der im Erker hängt. Sie ist der Motor, Josy und Gret die Beifahrer.

Sommer sind grosse, rote Wassermelonen, Kirschen, mit Steinen zum Spucken, Beeren, frisch aus dem Garten.

Auf dem Klosterplatz vor der Kirche wird „Welttheater" gespielt. Wir geniessen das Schauspiel vom noch warmen Blechdach aus. Eindringlich klingen die Stimmen der Figuren Welt, Schönheit, Nonne, Armer, Reicher und Tod im Text von Calderón über den grossen barocken Platz und in die laue Sommernacht. Schauerlich tönt der Ruf des Todes: «Streng bemessen ist das Glück, streng bemessen ist die Qual. Von den Qualen, von dem Glück gebt nun Rechenschaft.»

Pilger kommen und gehen auf dem Jakobsweg, nach den Wallisern die Luzerner, die über den Katzenstrick, den Hügel, wandern und Marienlieder singen, den Rosenkranz und die Litanei beten. Jeder Mann, jede Frau, auch Kinder, teilen miteinander die Erfahrung eines uralten Brauches: Pilgern. Sie bitten um Hilfe, um ihre Sorgen und Probleme zu lösen, und um Gesundheit, um Erfüllung ihrer Wünsche. Der Rhythmus der Schritte, im Gleichklang mit den gemeinsamen Gebeten, ist Meditation.

Hie und da wird eine Bitte erhört. Maria von Einsiedeln ist die Mutter für die ersehnten Wunschkinder. Eine Pilgerin, die seit Jahren immer im August unterwegs ist, erzählt ihre Geschichte: Eine Woche nach den Bitten auf der Lichterprozession, vor der schwarzen Kapelle, begann das Kind zu wachsen. Ein Wunder? Die vielen Votivtafeln zeugen von der Dankbarkeit für die Hilfe aus Notlagen.

Quer durch Europa, von Heiligtum zu heiligem Ort, treffen sich Menschen, die jedes Jahr im Sommer eine Teiletappe, bis zum Ziel, auf dem Weg sind, bei Hitze, Regen und Wind.

Unsere Pilgerfahrten gestalten wir heute meist bequemer, besonders der Proviant, der grosszügig mitgeschleppt wird. Die Kirschbäume locken. Die reifen Kirschen hängen lassen? Nein, wir bitten ja auch um Vergebung der Sünden. Wahrscheinlich legen wir uns keine Steine in die

Schuhe, und Busse kennen wir als amtliche Aufforderung, nach einer Übertretung des Gesetzes. Der Weg ist das Ziel.

2021

Selma Meister

Wir haben das Jahr 2021. Ich bin eine alte Frau, 95jährig, doch einen Sommer wie jetzt habe ich noch nie erlebt. Zuvor hatten wir auch Regen und Gewitter, manchmal auch Überschwemmungen, aber so stark und heftig noch nie. Da wandern die Gedanken in die Jugend zurück, und man beginnt zu vergleichen.

Ich bin in einem Bauernbetrieb aufgewachsen, mit einem älteren Bruder und einer jüngeren Schwester. So viel es unsere Kräfte zuliessen, mussten wir im Betrieb auch helfen. Die Sommerzeit haben wir Kinder sehr genossen. Sobald es heiss wurde, durften wir barfuss laufen. Manchmal ist der Asphalt etwas geschmolzen, und wir mussten am Abend unsere Füsse tüchtig schrubben.

Sommerzeit = Heuete und Erndet für die Bauern. Der Vater schaute zuerst, ob das Heu genügend trocken sei, um es nach Hause zu holen. Am liebsten habe ich zusammengerecht, ich machte lange Maden und dann runde Schöchli, damit man das Heu gut auf den Wagen laden konnte. Als ich etwa zehn, elf Jahre alt war, hat mich die Mutter um halb Zwölf nach Hause geschickt, um Suppe zu kochen und Würste oder Schüblige heiss zu machen. Es gab damals noch diese Knorr-Suppenwürste, das ging schnell und war praktisch. Kam der Wagen rumpelnd die Auffahrt hoch, kam die hungrige Schar zum Mittagessen.

Die Schulferien verbrachten wir natürlich Zuhause. Da wurden alle Hände gebraucht. Wir konnten nicht verreisen, wie die anderen Kinder. Wenn sie dann von ihren Ausflügen und Reisen erzählten, hat es schon etwas wehgetan. Doch unglücklich waren wir deswegen nicht. Adieu, Sommer meiner Kindheit. Mit Wehmut denke ich an dich zurück.

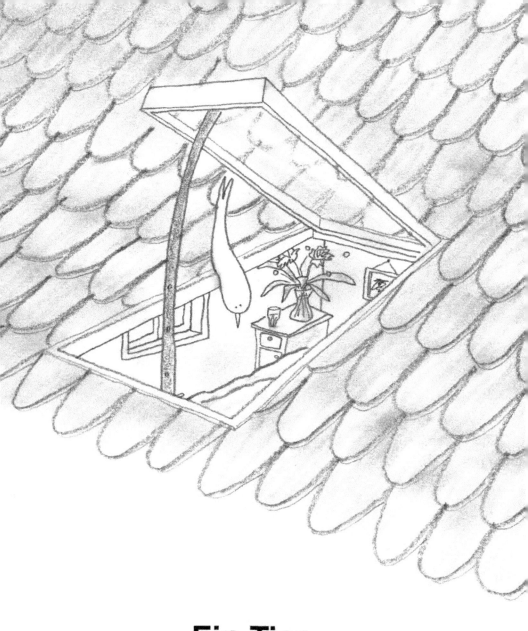

Ein Tier

Balthasar

Doris Plüss

Spontan erinnere ich mich an den Regenwurm im Trickfilm mit der Biene Maja. Aber diese Geschichte wär' ja gestohlen. Also geht nicht!

Soll ich über eine meiner sechs Katzen in meinem Leben berichten? Oder über die kleine Ameise, die ich aus dem Spülwasser bei der Kühlschrankreinigung im Spitallabor gerettet habe. Begleitet von schiefem Lachen und Kopfschütteln meiner Kolleginnen: Du bist ja völlig balabala! Oder über die Ameisenstrasse, die durch unser altes Labor, die alten Rohre hinauf, ins alte Lavabo führte und sich wie eine grosse Traube um einen Tropfen Hustensirup sammelte, um dann wieder volltrunken aus dem Labor zu torkeln? Da gäbe es noch die vielen Schnecken und Würmer, die ich mit meinem Partner von einer nassen Strasse, in der Nähe von unserem Ferienort Airolo, rettete!

Würmer!!! Da wäre er ja wieder, der Regenwurm aus dem Trickfilm mit der Biene Maja. Zwar gestohlen, doch ich kann die Geschichte ja verändern. Ich kann mich sowieso nicht an alle Einzelheiten erinnern. Also:

Es war an einem wunderschönen Sommertag. Die Biene Carla (ich nenn' sie jetzt Carla) flog über die Wiesen, die vielen Gärten mit schönen, bunten Blumen und viel verschiedenem Gemüse. Sie summte und sang ihre Lieder und war glücklich. Sie flog Richtung Strasse, auf der glücklicherweise nicht viel Verkehr war. Doch was ist das, was ist da los?

„Nein, halt stopp! Bist du verrückt, kriech nicht weiter! Balthasar stopp, kehr um, kriech nicht weiter, kriech zurück in die Wiese. Das ist höchst gefährlich, wenn du weiter kriechst!"

„Lass mich in Ruhe, ich hoffe ja, es kommt bald ein Auto und hoffentlich ein grosses, dann geht es schnell. Ich will nicht mehr leben."

„Balthasar, bitte kehr um, zurück in die Wiese, und erzähl mir alles, warum du nicht mehr leben willst."

Da man Carla ja nichts abschlagen kann, konnte sie den Regenwurm Balthasar zur Umkehr überreden, und sie trafen sich wieder auf der Wiese.

„Also was ist los?"

„Carla, du kannst gut reden, du bist schön, fliegst durch die Wiesen, zu den Blumen, sammelst Blütenstaub für euren Nachwuchs und als Grundlage für den beliebten Honig. Alle freuen sich, wenn sie dich sehen. Aber ich! Was bin ich? Ich bin schleimig, wühl in der Erde herum, und wenn ich mal hochkomme und einem Menschen begegne, ob Kind oder Erwachsener, heisst es immer: Äh, gruuusig! Für was braucht es den denn?"

„Pst, Balthasar! Sei still, da kommt jemand", dieselte Carla.

Balthasar wollte sich schnell in die Erde verkriechen. Carla flatterte leise über den Blumen. Da hörten sie eine tiefe Menschenstimme. „Halt Regenwurm, bleib oben, bleib hier, ich will mit dir sprechen. Endlich sehe ich dich einmal und kann dir für deine grosse, wichtige Arbeit, die du täglich machst, danken. Ohne dich und deine Kumpane hätte ich keine Blumen, vor allem keine so schönen, und wir hätten kein Gemüse und kein Obst, das hilft, unser Essen so reichhaltig und gesund zu gestalten. Vielen, vielen Dank und gebe diesen Dank bitte an Deine Mithelfer und Freunde weiter. Euer tägliches Umgraben der Erde macht dies alles möglich. Nochmals vielen Dank, und ich hoffe, ich treffe dich und deine Freunde jetzt jeden Tag."

Die Biene Carla kam immer näher und sah, wie Balthasar, während der Gärtner sprach, aus der Erde kroch und immer höher und höher sich nach dem Gärtner streckte. Er war so stolz, und auch Carla strahlte und war glücklich.

Der Gärtner sah sich von da an immer nach Balthasar oder einem anderen Regenwurm um. Sie begrüssten sich, und die Welt war immer ein bisschen schöner!

Vorsicht!

Graziella Brusadelli

Im Jura, wo wir im Sommer ein Hauszelt bewohnten, war am Bord eine Blumenfläche, die ich mit Sorgfalt pflegte. Eines Tages, nach kurzer Abwesenheit, schaute ich als erstes bei den Blumen nach. Hee – wer war das und warum? Da hatte jemand Altlaub und Gräser gesammelt und bei uns zwischen den Pflanzen deponiert. Ich fing sofort an zu räumen. Da erschrak ich, ein Geräusch zwischen den Blättern warnte mich. Vorsicht! Mit mehr Achtsamkeit führte ich meine Arbeit weiter. Da entdeckte ich so etwas wie Eier, ganz hell, mit schwarzen Punkten übersät. Gleich darauf erschienen viele lange Stacheln. Da erkannte ich einen Igel in Abwehrhaltung und die eiförmigen Etwas, dachte ich, waren die neugeborenen Jungen. Oh, es tat mir leid, die Idylle gestört zu haben. Ich deckte alles behutsam wieder zu, in froher Erwartung, wie diese Überraschung sich entwickeln würde.

Am folgenden Tag schaute ich gleich nach den Mitbewohnern, aber ach, es durfte nicht wahr sein. Ich fand nur eine leere Mulde, von Blättern und Gräsern keine Spur mehr. Was war passiert? Die erschrockene Igelmutter hatte wohl über Nacht mit samt Hab und Gut gezügelt. Wohin? Schade.

Nach einigen Tagen hörte ich das gleiche Geräusch, einige Meter vom Blumenbeet entfernt, von unter einer Holzdecke. Die Igel sahen wir aber nicht. Wir legten etwas Polenta in die Nähe, in der Hoffnung, etwas mehr zu erfahren, sahen aber nichts, ausser dass jemand die Polenta probiert hatte.

Später sahen wir immer wieder Igel in unserer Umgebung, meistens beim Eindunkeln. Kaum aber hörten sie das geringste Geräusch, verwandelten sie sich in eine stachlige Kugel. Einmal sah ich einen Igel von einem Fahrzeug überfahren. Diese Tiere sind sehr scheu, wissen wahrscheinlich nicht, dass sie auch schön sind, oder vielleicht doch und deshalb ihre Haltung.

Herr Hund Carino

Annelis Dickmann

Ein- oder ausgesperrt in einem grossen Garten bin ich der Beller des Quartiers. Freudig begrüsse ich jede Bewegung ausserhalb des Zauns. Nur ein Mädchen, Noeline, versteht meine Rufe, und ich darf an der Leine mit ihr andere Wege beschnuppern, Nachrichten von anderen Hunden lesen.

Mein Herr kann nicht mehr gehen, mit ihm darf ich Auto fahren. Durch das offene Fenster belle ich allen zu, wie sehr ich den Wind um die Ohren geniesse. Ich bin zufrieden, ich darf Dackel sein, niedlich mit meinen kurzen Beinen, ansprechend mit meinem schön gezeichneten Fell. Mein Stammbaum ist edel, Till von und zu, genannt Carino. Streichelnde Hände bestätigen mir den Titel: Herr Hund. Ich bestimme, wann ich gekrault werden will, ob ich Rufen folge oder nicht.

Noeline holt mich ab und bringt mich in ein Haus mit anderen Hunden. Mein Fressnapf ist leer geblieben, mein Herr ist weg. Allen Mut brauche ich, um im Zwinger den anderen zuzubellen, wer ich bin. Mehrere Male holt mich Noeline und bringt mich zu anderen Leuten. Nach ein paar Tagen bin ich wieder im Zwinger. Ich bin nicht der Hund, der gewünscht wurde.

Oma, in einem alten Haus mit Garten und Stiegen zu Kindern, mit gefülltem Fressnapf, hier lass mich bleiben. Im Wald will ich nicht rennen, da hat meine Nase viel zu schnuppern. Muss ich deshalb wieder zurück? Ich lasse meine bekannten Dackelaugen sprechen. Oma nimmt mich auf. Sie mag den Park und ist langsam, so habe ich an langer Leine Zeit, meinen Interessen nachzuriechen. Ihr Versuch, mir Hundepflichten beizubringen, und meine eigenen Wünsche, treffen nur manchmal zusammen. Ihr Teppich ist für mich wie eine Wiese, die ich tränken muss. Oma kann energisch laut werden. Besser, ich ziehe mich zurück, in meinen Korb.

Am Rhein darf ich mit meiner ganzen Energie im Sand buddeln. Ich rieche einen Fisch, oder? Auch Mäusegänge darf ich ausbuddeln im Wald. Das Duschen nachher ist leider, leider nötig. Oder ich schwimme im Fluss.

Anfangs suche ich nach meinem alten Garten, und Oma sucht mich im Städtchen. Oder ich renne einer Katze nach und verirre mich in den Gassen. Katzen sind noch immer meine Freunde, ich weiss genau, wo sie wohnen. Nur eine wagt es, mich anzufauchen. Dann weiche ich aus. Die anderen kann ich bellend jagen und den Baum bewachen, auf den sie geklettert sind.

Grosse Hunde, vor allem Schäfer, sind meine Feinde. Die muss ich lautstark in den höchsten Tönen ärgern. Zu nahe zu gehen, kann sehr gefährlich werden. Ihre Bisse schmerzen sehr, müssen sogar genäht werden, und ich bekomme eine Halskrause.

Es gibt Lokale, in denen gegessen wird. Dort bin ich sehr unanständig, weil ich nichts zu fressen kriege. Diese Orte zu markieren, ist ein besonderes Vergnügen. Schlecht erzogen, höre ich. Wir arbeiten daran, mich zu einem zivilisierten Herr Hund zu trainieren. Jeden Morgen kann ich mit einem Freund in den Park oder an den

Rhein. Uns begleiten zwei schwarze Vögel, Krähen. Sie bekommen Nüsse dafür. Sie kennen mich und verfolgen mich, auch wenn ich mit Oma im Park bin.

Seit einiger Zeit haben wir ein Gefährt. Oma sitzt, und ich muss rennen. Wenn ich müde bin, kann ich aufsitzen, sehr zum Erstaunen der anderen Hunde und ihrer Begleiter. Oma ist unruhig, sie will den Ort wechseln. Wir sind beide alt und schnell sehr müde. Soll ich mit ihr gehen? Sie hat für mich einen Platz gefunden. Eine Woche bevor sie geht, kann ich dorthin. Schlimmstenfalls gehe ich mit Oma. Sie findet keine Ruhe, ich soll gut versorgt sein.

Nachts muss ich husten, husten. Oma ist bei mir. Am Morgen ist es soweit. Ich habe einen Ausweg, ich gehe auf die grosse Reise. Oma soll keine Sorgen meinetwegen haben. Eine Stimme, die mich versteht, hat es ihr erklärt. Die Ärztin mit der Spritze hole ich am Eingang ab und führe sie zum Sterbetuch. In den Armen von Noeline schlafe ich ein. Oma spielt auf der Flöte.

Danke Noeline, meine Lebensfreundin, danke Oma, meine Herrin, wir waren ein gutes Team.

Spuren im Schnee

Madeleine Bollinger

Es war ein schneereicher Winter. Ich verbrachte die Weihnachtsferien in einer Ferienwohnung in Kandersteg. Das Haus stand am Hang, sehr nahe am Wald. Ich bewohnte den ersten Stock, der Eingang befand sich ebenerdig. So verlief auch der Balkon, vorne über der Parterrewohnung, auf der Seite auslaufend, fast bis zum Berghang.

Ich erwartete Besuch von meiner Familie, hatte also entsprechend eingekauft. Wieder einmal wollte ich „meinen Braten" auftischen; alle hatten sich das zum Weihnachtsessen gewünscht. Im Kühlschrank hatten nicht alle Lebensmittel Platz. Einen Teil deponierte ich auf dem zu dieser Jahreszeit kalten Balkon.

Am Morgen des 24. Dezembers begann ich mit der Vorbereitung zu einem Abendessen mit meiner Familie. Als ich den Braten hereinholen wollte, war er einfach nicht mehr da. Aber was war das? Spuren im über Nacht gefallenen Schnee. Eine Katze, ein Hund? Nein, die Spuren gehörten zu einem grösseren Tier. Kürzlich hatte ich gelesen, dass sich im Kiental ein Luchs aufhalte. Das war etwas weit weg, aber doch ein Nachbartal des Kandertals. Ich holte meine Vermieterin. Sie schlug die Hände über dem Kopf zusammen und holte ihrerseits den Nachbarn, einen ehemaligen Wildhüter. Der konnte die grossen, katzenartigen Spuren einem Luchs zuweisen.

Den Ärger über den Verlust des Bratens konnte ich verschmerzen, war ich doch stolz darauf, dass ich in der Nacht einen Luchs zu Besuch gehabt hatte. Es gab dann doch noch ein Festnachtessen, wenn auch nur mit ausgeliehenen Würsten, dazu Nudeln und Gemüse. Die Luchsspuren wurden dann noch von einigen Kanderstegern „fachmännisch" begutachtet. Die Weihnachtstage verliefen so etwas weniger ruhig als gewohnt. Und im „Oberländer" erschien ein Bild meines Balkons, mit den Spuren im Schnee, mit dem Vermerk, der Luchs sei nun auch im Kandertal angekommen.

Clara

Selma Meister

Mein Leben geht zu Ende, und ich habe noch so viel zu erzählen oder noch zu erleiden.

Clara war eine wunderschöne, silbergraue Perserkatze. Sie war ein Geschenk einer entfernten Verwandten, die froh war, um einen guten Platz für sie. Ich freute mich sehr, da ich schon früher immer Katzen hatte. Sie war nur zwei Jahre alt, und ich hoffte, dass sie recht lange bei uns leben könne. Clara hatte überall offene Türen und durfte auch nach draussen, was sie sehr genoss. War sie jedoch abends nicht drinnen, wurde ich sehr unruhig und hatte Angst um sie.

Plötzlich wurde mein Mann krank und mit der Zeit bettlägrig. Nun wurde die Tür zum Schlafzimmer geschlossen, wegen der Hygiene. Clara wurde bockig und hat das gezeigt. Sie machte ihr Pipi jetzt im grossen schönen Blumenfenster, in der Stube. Alle Reinigung nützte nichts, Clara hat getrotzt. Nach einiger Zeit starb mein Mann und – oh Wunder – Clara hat ihr Pipi wieder ins Kistchen gemacht. So zeigte sie ihr Missfallen wegen der geschlossenen Türe.

Einige Zeit später wurde sie krank. Sie stand vor ihrem Teller, mochte aber nicht fressen und trinken. Der Tierarzt hat sich sehr bemüht und meinte dann, er müsse sie noch röntgen. Das Ergebnis war nicht gut. Er sagte, sie würde eines Tages ersticken. So habe ich mich schweren

Herzens entschlossen, sie (nach seinem Rat) einschläfern zu lassen. Auf meinem Schoss ist sie friedlich eingeschlafen. Auf dem Heimweg im Taxi fliessen die Tränen. Der Taxifahrer fragt, ob er helfen könne. Doch im Moment bin ich so traurig, mir kann niemand helfen, es braucht Zeit. Leb wohl, Clara.

Gefiederte Freunde

Vreni Indlekofer

Vor drei Monaten musste ich Abschied nehmen von meinem geliebten Zuhause. Der Abschiedsschmerz war gross, und doch muss ich sagen: Ich durfte ja so viel mitnehmen. Vor allem meine Familie, diese ist nach wie vor für mich da. Ich kann nur sagen: Danke, danke, danke!

Eines aber musste ich schweren Herzens abgeben: meinen Garten. Er hat mir so viel bedeutet. Die Vögel, sie fehlen mir sehr. Abends, wenn ich im Bett lag, da habe ich gewusst, meine Vögel sind früh am Morgen wieder für mich da. Die Amsel singt mir ein Lied, fröhlich zwitschern die Spatzen mit und wetzen ihre Schnäbel. Die Tauben gurren lautstark dazwischen. Das Rotbrüstchen ist bereits auf Futtersuche, ihre Kleinen sind hungrig. Aus dem Nest sieht man die kleinen Schnäbelchen in die Höhe gereckt und wartend, bis die Mutter was hineinstopft. Hin und wieder stattet ein Elsternpaar uns einen Besuch ab. Der Weiher wird praktisch umgepflügt, und sollten vorher noch Kaulquappen und kleine Frösche darin gehaust haben, so ist, ausser einer grauen Brühe, nichts mehr übrig. Es bleibt noch der Fischreiher. Der zieht seine Kreise hoch über dem Weiher – plötzlich, ruck zuck, schiesst er nach unten ins kühle Nass, und siehe da, mit einem Fisch im Schnabel macht er sich davon. So ist das Leben, mal so, mal so. Ich gucke in den Himmel und sage der Natur: danke! Hoch am Himmel sehe ich die Schwalben tanzen.

Zasi

Nina Jud

Als ich ein Kind war, hatten wir eine Katze in unserem Haushalt. Ich wollte meinen Kindern auch diese Erfahrung mit einem Haustier ermöglichen. Aber mein Mann wollte nichts davon wissen. „Es kommt mir kein Tier ins Haus. Das bringt Dreck, Tierarztkosten, Umtriebe", war seine Argumentation. Was will man machen? Dem lieben Frieden zu Willen fügt man sich.

Nun begab es sich, dass meine Kinder zusammen in einem Schullager in Feldis waren. Wir haben sie da besucht und noch nie so viele Fliegen auf einmal erlebt. Aber das ist eine andere Geschichte. Am Freitag, bevor die Kinder am Samstag zurückerwartet wurden, läutete das Telefon. Mein Sohn war am Apparat. „Wir haben hier ein armes, kleines Kätzchen, das niemanden hat. Es verhungert, wenn wir es mutterseelenallein hierlassen. Dürfen wir es mit nach Hause nehmen?"

„Na, da muss ich zuerst Papi fragen."

Dann kam die Tochter ans Telefon. Sie konnte den Papi schon immer sehr gut um den Finger wickeln. Das Ende des Telefons war: „Na, dann nehmt es halt mal mit, dann schauen wir."

Wer kam am Freitagabend nach der Arbeit mit einer Katzenkiste, Katzenstreu, Katzenteller, Katzenfutter, Katzenbaum heim? Mein Mann.

Der Samstag kam. Es war ein heisser und schwüler Tag. Wir erwarteten unsere Kinder, und tatsächlich kamen sie mit einer Schuhschachtel an. Darin war ein langgestrecktes, bewegungsloses Etwas mit dünnen Beinchen zu sehen. Oh je, hat mein Mann die Katzenaussteuer vergebens gekauft? Lebt das Kätzchen überhaupt noch? Wir brachten die Schuhschachtel in den Keller, da war es etwas kühler. Und siehe da: Das Fell fing an sich zu bewegen, den Kopf zu heben, zu schnuppern, zu trinken und zu essen. Von da an war Zasi ein geliebtes und verwöhntes Familienmitglied.

Das Glück der Eule

Helly Bernhard

Es war ein grosser Tag für die Eule, als man ihr mitteilte, dass sie zum Haustier von der Senevita Gellertblick gewählt worden war. Sie konnte es gar nicht fassen, sie, die Eule ist das Haustier in der Senevita Gellertblick. Was werden meine Freunde in Wald und Feld dazu sagen? Nicht der Hund, der treue Begleiter des Menschen, oder die Schmusekatze, die sich anschmiegt und sich gerne streicheln lässt. Auch nicht der sprechbegabte Wellensittich, der mit seinen schönen, farbigen Federn, oder der zierliche Hamster. Nein, sie ist es. Und nicht nur das. Es wurde eine Patenschaft für sie eröffnet. All diese Neuigkeiten musste sie zuerst verdauen. Stolz zog sie sich in ihre Baumhöhle zurück, schloss die Augen, drehte den Kopf nach rechts und schlief selig ein.

Hab ich geträumt? Ist es Wirklichkeit? So die ersten Gedanken beim Erwachen. Sie, die Eule ist das offizielle Haustier der Senevita Gellertblick? Allmählich kann sie sich wieder an all die überraschenden Neuigkeiten erinnern. Es stimmt also. Ich bin das auserwählte Haustier. Sie dreht den Kopf nach links und nach rechts, blinzelt mit ihren grossen, runden Augen und ist einfach nur glücklich.

Die Eule ist Namensgeberin für das von uns allen mit grosser Spannung erwartete, neu eingerichtete, erste Einkaufslädeli im Haus Senevita Gellertblick, das Eule-Lädeli.

Ein Brief

Liebe Hildegard

Madeleine Bollinger

Basel, im Juli 2021

Liebe Hildegard

Mit diesem Brief möchte ich Dir einmal sagen, wie wertvoll für mich Deine Freundschaft ist. Wir wohnen zwar in einiger Distanz voneinander, aber wir schreiben uns und telefonieren so oft wie möglich.

Wie es zu dieser Freundschaft kam, ist eine lange Geschichte; sie reicht fünfzig Jahre zurück. Zuerst kannte ich Deine Eltern. Um möglichst von meiner Arbeit Abstand zu bekommen, fuhr ich oft aus dem im Herbst und Winter nebligen Zug über Mittag nach Allenwinden am Zugerberg. Ich spazierte da zum Oberstock, einem Bauernhof mit einem Stall, der etwas erhöht auf dem Hügel stand. Vor dem Stall befand sich „mein" Bänkli, wo ich Ruhe fand, zum Lesen oder einfach zum Denken. Ich hörte zwar manchmal den Oberstock-Bauern im Stall arbeiten; er bemerkte mich sicher, wollte mich aber nicht stören. Dieser Bauer, Josef Arnold, war Dein Vater. Nach längerer Zeit sprach er mich einmal an und lud mich zum Kaffeetrinken in sein Haus ein. Deine Mutter hat mich zuerst etwas skeptisch begrüsst; wir fanden uns aber bald, und von da an war ich bei Deinen Eltern öfter Mittagskaffee-Gast. Du warst damals neunzehnjährig, im Welschland. Ich lernte Dich erst später kennen. So kam es, dass ich in Deine Familie (Du warst das einzige Kind) als

Freundin aufgenommen wurde. Ich nahm an allem Anteil, was Euch betraf. Ihr lerntet auch meine Eltern kennen, wenn sie bei mir aus Basel zu Besuch waren.

Dann, liebe Hildegard, hast Du den Sohn des Weidhof-Bauern von der anderen Talseite, den Martin Betschart, geheiratet. Nach und nach kamen Deine Kinder dazu: Stefan, Thomas, Maria, Frowin und Rita. Ich besuchte Euch oft, sei es bei Euch im Weidhof oder bei Deinen Eltern im Oberstock. Deine Eltern wurden alt, Deine Mutter starb, und Dein Vater wohnte dann bei Euch auf dem Weidhof. Nun pilgerte ich also nicht mehr zum Oberstock, sondern der Weidhof in Edlibach wurde meine zweite Heimat. Ich kannte alle Tiere, wusste, wann die Kühe trächtig waren, die beiden Hunde begrüssten mich stürmisch, und sogar die Katzen, Geissen und Hühner schienen mich zu kennen. Immer waren für mich Kaffee und Kuchen bereit. Als ich mir ein neues Auto kaufte, konnte ich meinen alten, etwas verrosteten Wagen bei Euch lassen. Deine Buben lernten darauf Autofahren. Das Auto hatte keine Nummer, und so benutzte es die ganze Familie, um von einem Acker zum anderen zu gelangen.

Dein alter Vater wurde krank, und ich durfte mit Euch zusammen die Sterbestunde erleben und so von meinem langjährigen Freund Abschied nehmen.

Ich wohne nun schon bald dreissig Jahre wieder in Basel. Aber bis vor wenigen Jahren waren meine Besuche in Zug immer mit einem Abstecher zum Weidhof verbunden. Und Du, liebe Hildegard, hast mich vor ein paar Jahren in Basel besucht, trotz Deiner Belastung als Bauernfrau und Mutter. Das hat mich unendlich gefreut.

Dein Mann Martin fährt jeden Sommer mit dem Vieh auf eine hochgelegene Alp im Muotatal. Er ist dort ganz allein. Du besuchst ihn hin und da, wenn Du es zeitlich einrichten kannst. Wie gerne wäre ich einmal mitgegangen. Aber der Weg war mir zu steil und beschwerlich. Vom Muotatal kommt man nur zu Fuss auf die Alp. Deine Buben sind nun selbst Bauern und Förster. Maria ist Altenpflegerin, hat selbst Kinder. Rita ist Postbeamtin. Du bist nun Grossmutter von neun Kindern.

Ich bin glücklich, Euch zu kennen und als Städterin so selbstverständlich zu Euch zu gehören, und dies über vier Generationen. Vor zehn Jahren war ich zu Deinem 60. Geburtstag eingeladen. Wir feierten in einer Sennhütte oberhalb von Oberägeri. Es war ein wunderbares Fest. Aber leider konnte ich Euch seither nicht mehr besuchen, da meine Mobilität eingeschränkt ist.

In herzlicher Verbundenheit

Deine Madeleine

Neujahrsbrief, an wen?

Graziella Brusadelli

An das Leben, an mein Leben.
Ich grüsse Dich, ich bin glücklich, ich darf Dir einen Liebesbrief schreiben. Nie habe ich so intensiv an Dich gedacht. So lange ich auf dieser Erde bin, beachtete ich Dich kaum. Du bist so selbstverständlich, so treu, so ganz normal bei mir, dass ich eben deswegen Dich gar nicht bewusst spürte; und doch, jetzt erkenne ich, dass Du von meinem ersten Atemzug an, bis jetzt, immer ganz nahe mit mir verbunden warst und immer sein wirst, bis jemand Dich mir wegnimmt.

Jetzt ist es höchste Zeit, für Deine selbstlose Bereitschaft, mir zu dienen, ein ganz herzliches Dankeschön zu sagen. Durch dieses Schreiben entdecke ich, dass Du allgegenwärtig bist, in der Natur, in jeder Blume, in jedem Baum, in jedem Tier, im Wasser, in der Luft, im Himmel und so fort. Wollte ich alles nennen, wo Du gegenwärtig bist, ich käme an kein Ende. Du bist sozusagen etwas sehr Wertvolles. Ohne Dich gäbe es diese Welt nicht, denn alles ist voll von Dir. Also noch einmal, von ganzem Herzen danke, danke, ich liebe Dich

Graziella

Lieber Hugo

Annelis Dickmann

Mit sechzehn Jahren lernte ich Louise, Deine Schwester, kennen. Wir verbrachten viel Zeit miteinander, zusammen waren wir im Blauring. Erinnerst Du Dich? Du kamst mit uns auf einen Waldspaziergang im Winter; es war sehr kalt. Ihr habt mich zu heissem Tee eingeladen. Auf der langen Stiege – Louise war schon oben – fragtest Du mich, ob Du mein Freund sein dürftest. Ich war zwei Jahre zuvor in einem Pensionat, durfte keinen Kontakt mit Jungen pflegen, war sehr schüchtern. Mein Nicken nahmst Du als Ja an. Die Frage: Wie stellst Du Dir das vor? Du studierst in Fribourg, stellte ich nicht. Ich weiss noch, mir war wohl in Deiner Gegenwart.

Enttäuschung. Ich erzählte, enttäuscht zu sein von meinen Eltern. Du machtest mich mit dem Hinterfragen vertraut. Deine Erklärung: Du solltest froh sein über die Erfahrung, weil Du Dich nicht mehr täuschst, sondern klar, wahr siehst. Die Bedeutung der Wörter, zum Beispiel Erfahrung, erklärtest Du mir.

Leider warst Du es, von dem ich am meisten enttäuscht wurde. Erst an einer der letzten Klassenzusammenkünfte, wir waren siebzig Jahre alt, erhielt ich die Klärung für Dein Verhalten, kurz nach Deiner Frage und nach einigen Spaziergängen – bis zu Blasen an den Füssen. Die Gespräche mit Dir waren für mich etwas Kostbares, unser Hand-in-Hand-Wandern Lebensfreude in einer Zeit der Suche nach einem Beruf.

Wann sagtest Du mir, Du wollest mich nicht mehr sehen? Hast Du es gesagt? In meiner Erinnerung blieb Dein Dich-Abwenden, als wir im gleichen Bus nach Luzern stehen mussten, weil alle Sitze besetzt waren. Mein Stummsein schmerzt mich noch heute. Aber Du warst so verlegen, als schämtest Du Dich, mich zu kennen.

Louise, Jahre später im Kloster, bat mich, durch meine Mutter, ihr zu verzeihen. Sie habe Deinen Eltern von uns erzählt. Heute weiss ich, Deine Eltern wollten Dich zu einem Priester ausbilden lassen und erhielten dafür Studiengelder von der Kirche. Ich stellte eine Gefahr für ihre Pläne dar. Gehorchen haben wir gelernt. Zu meiner Zeit konntest Du es. Weisst Du noch, wie wir bei mir zu Hause mit der ganzen Familie gemütlich vor dem Cheminée sassen und Dein Vater Dich zornig nach Hause holte? Damals verstanden wir nicht.

Die kurze Zeit mit Dir prägte mein Leben für lange Zeit. Ich lebte später in Basel. Auf einem Arztbericht sah ich Deine Unterschrift. Du hattest den Beruf des Frauenarztes gewählt. Ich war aus der Kirche ausgetreten und fasste Vertrauen zu Peter, meinem Mann. Einen Tag vor unserer Hochzeit traf ich Dich am Petersgraben. Dem Zufall war ich dankbar.

Ende gut, alles gut? Bitter war unser zufälliges Treffen an der Fasnacht. Du hattest Dein Kind auf der Schulter, ich stand mit einem Kind an der Schulter Dir gegenüber. Wir lachten uns an. Deine Frau tauchte auf und redete zornig auf Dich ein. Du wandest Dich wortlos von uns ab, folgtest, wie damals Deinem Vater, jetzt Deiner Frau.

Ende Jahr, die Jahresbilanz betrachtend bleibt die Erinnerung an Dich ein Defizit, Nicht-Gelebtes, aber in vielen Situationen Lebendiges, mich begleitend. Die Nachricht von Deinem Tod und das Jahresende mahnen mich, an das Ende zu denken ohne Abschluss, offen für alle Möglichkeiten, dankbar für die Hand-in-Hand-Erinnerung in meiner Jugend.

Hallo Virus Corona!

Doris Plüss

Du bist so klein, so winzig. Wir können Dich nur durch ein Elektronenmikroskop sehen. Deine Spezies gibt es schon seit Tausenden, ja Millionen von Jahren. Entstanden lange vor dem Menschen, genau, dem Homo sapiens sapiens, wie er heute genannt wird. Doch Du bist angeblich gar kein Lebewesen. Du hast keine Ähnlichkeit mit einem Lebewesen. In den letzten Jahren habe ich mich intensiv mit Dir und Deinen Artgenossen beschäftigt. Für mich, als ehemalige Bakterien- und Virenlaborantin bist Du natürlich hoch interessant.

Du scheinst aus einer anderen Welt zu stammen. Ein Alien aus einem Paralleluniversum. Still und leise auf unserem Planeten gelandet. Still und leise überfällst Du lebende Zellen, ob bei einem Tier, einem Menschen oder auch bei Pflanzen. Bist Du mal in der Zelle drin, zwingst Du sie, Kopien von Dir zu produzieren und das in einem Höllentempo, bis die Zelle stirbt und Du und Deine "Geschwister" ausschwärmen können, die nächste Zelle überfallen, und der gleiche Prozess beginnt aufs Neue. So machst Du unsere Körper kaputt. Bis unser Körper die eigene Schutzarmee aufgebaut hat, vergeht viel Zeit. Also wütest Du weiter bis ... ja eben bis!

Da wir Dich und Deine Beschaffenheit noch nicht total kennen, wissen wir nicht, wie wir uns vor Deinen Angriffen schützen können. Aber aufgepasst, wir sind auf dem Weg dazu. So blöd sind wir auch nicht. Wir haben gute, sehr gute Forscher, die Dir schon lange auf der Spur sind und Mittel erfunden haben, um Dich abzuwehren. Wenn wir sie richtig und konsequent einsetzen und anwenden, hast Du keine oder nur geringe Chancen, uns zu vernichten. Das ist ja auch nicht Dein Ziel. Du brauchst ja selbst die lebende Zelle, um weiter zu existieren.

Du wirst Dich immer wieder mit anderen Mäntelchen oder Käppchen anschleichen, unsere Wächter täuschen und Dir Tür und Tor öffnen. Du hast es geschafft – Du unsichtbares, winziges Wesen – Milliarden von Menschen und Tieren auf der ganzen Welt still und leise zu überfallen und zu vernichten. Dein plötzliches Auftreten erinnert mich an eines meiner Lieblingsbücher *Der Schwarm*. Dort schildert Frank Schätzing, wie sich die Ozeane mit all ihren Möglichkeiten – und da gibt es viele – gegen die Zerstörung der Meeresbewohner wehren. Schätzings Buch endet mit einem Riesenchaos und Zerstörung. Im letzten Moment einigen sich das Wesen aus dem Ozean und die Menschen mit einem Kompromiss. Die Ozeane stoppen ihre Angriffe, und Homo sapiens sapiens sieht ein, dass er zum Erhalt der Erde viel verändern muss. Doch das ist ein Roman!

Ich weiss nicht, ob unsere wunderschöne Erde, unser blauer Heimatplanet, Dich jetzt ins Feld geschickt hat, um uns zu zeigen und uns klar zu machen, dass wir Menschen von einem unsichtbaren, winzigen Alien – namens Corona – auf der ganzen Welt, zu grossen Teilen lahmgelegt werden können. Der Mensch, der meint, immer das Recht auf Wasser, Nahrung, Freiheit und vieles mehr zu haben, egal auf wessen Kosten, sieht plötzlich, es kann auch anders sein.

Nun Du winziges Wesen. Ich habe einen Riesenrespekt vor Dir und hoffe, wir haben doch etwas gelernt, dass uns ein unsichtbares Eiweissstückchen warnen könnte und uns zwingt, bescheidener zu werden. Auch sollten wir an alle andern Lebewesen, Tiere, Pflanzen usw. denken und uns um sie kümmern. Doch ich bitte Dich trotzdem: Ziehe Dich zurück. Bitte überlege es Dir!

Vielen Dank
Doris

Meine liebe Vreni!

Vreni Indlekofer

Ende 2021

Meine liebe Vreni!

Ein erster, ein zweiter, ein dritter Brief adressiert an Vreni. Das Porto kann ich mir wohl sparen, denn wie Ihr bestimmt gemerkt habt, dieser Brief ist für mich selbst bestimmt. Habe ich wohl den Mut, das zu schreiben, was auf meiner Zunge brennt?

Ich versuche wenigstens einen Anfang hinzukriegen:
Vor circa sieben Jahren, als mir der Arzt sagte, mein Zittern könnte der Anfang von Parkinson sein. Es wurde abgeklärt, und es war Parkinson. Doch, meinte der Arzt, es gebe Medikamente, die helfen, die Krankheit leichter zu ertragen – heilen kann man dies nicht.

So war es zu Beginn. Aber immer mal wieder kam etwas dazu, und vor einem Jahr habe ich mich entschlossen, mein so geliebtes Haus zu verlassen. Ich habe kurz entschlossen das Senevita gewählt. Mit Euch allen dazu.

Auch einige wenige Lieblingsstücke aus meinem Haus und eine grosse grüne Schachtel, mit all den Medikamenten, sind mit mir im Senevita gelandet. Grün ist die Hoffnung und aufgeben sollte man sie nie. Ich will ja tapfer sein, wie so viele andere es auch sein müssen. Ich kenne ja lange nicht alle, aber allen, die mir dabei helfen, mich einzuleben, sage ich ein grosses Dankeschön. Hier am Tisch sitzt eine Dame, welche mit über achtzig Jahren ein Buch geschrieben hat. Ihr möchte ich ein ganz grosses Dankeschön aussprechen. In den anderthalb Jahren, die sie hier wohnt, hat sie immer wieder was zu erzählen, zu berichten und bemerken gewusst. Sie hat mir gezeigt, was in unserem Alter noch alles möglich ist.

Heimat

Die Mehrzahl von Heimat

Nina Jud

Dieser Begriff hat mich schon öfter zum Nachdenken gebracht. Was ist Heimat? Ist es das Land, in dem man geboren wurde? Ist es der Ort, wo man seine Kindheit verbracht hat? Kann man mehr als eine Heimat haben? Was ist die Mehrzahl von Heimat?

Mich dünkt, im Wort Heimat steckt Heim, also das, wo ich mich zu Hause, daheim fühle. Das kann aber überall sein, in einem besonderen Haus, in einer Landschaft. Ich zum Beispiel fühle mich in den Freibergen oder im Bayerischen Wald daheim. Aber das kann auch wechseln. In Schwerin hatte ich sofort das Gefühl, hier könnte ich bleiben und wohnen, auch in Akureyri in Island. Die zwei Orte haben überhaupt nichts gemeinsam, und trotzdem fühle ich mich an beiden Orten zu Hause. An was liegt das wohl? Nun bin ich aber auch hier in der Senevita daheim, zu Hause. Wenn ich den langen Gang hinter mir habe, die Tür auf und zu gemacht habe, bin ich bei mir. Also ist dieser Ort nun meine Heimat?

Eine Sehnsucht

Graziella Brusadelli

Auf dem Heimatschein steht der Name von einem Ort und dieser Ort soll meine Heimat sein? Nun, ich will überdenken, ob das stimmt.

Als Schulmädchen kam ich von Lugano in meine Heimat Schlattdorf. Ich kannte es nicht, hatte es noch nie gesehen. Ich wurde davon sehr freudig überrascht. Ich traf eine Idylle, viel Land, viel Grün, selten Verkehr, keine Hochhäuser, einzelne Höfe mit Stall und Scheune, wie in einem Märchen-Bilderbuch. Mir gefiel dieses Dorf sofort, ich fühlte mich wie daheim. Also, ist das jetzt Heimat? Ich glaube, ja. Ich konnte das Heimatgefühl für fünf Jahre geniessen und viel, viel Freudiges und Schönes entdecken, auch einen Teil meiner Verwandtschaft, wie meine Grossmutter. Ich liebte dieses Dorf, dann wurden ich versetzt, in die Fremde.

In kurzer Zeit kam ich an sechs verschiedene Orte, adieu Kindheit, adieu Heimat. Meine Bleibe wurde dann die Stadt Basel, bis heute. Diese dichte Stadt konnte ich nie als zweite Heimat empfinden, aber es entwickelte sich eine andere Art von Heimat. Durch eine frühe Heirat bekam ich ein Zuhause und bald auch liebe Kinder, eine Familie, war nicht mehr allein. Hatte auch liebe Begegnungen, ich spürte Verständnis, Angenommensein, geliebt. Ja, dies alles wurde für mich wie eine zweite Heimat.

Heimat ist aber auch nicht etwas Festes, Stabiles, etwas, das immer bleibt, kann auch schnell zerbrechlich werden. Was bleibt, ist eine Sehnsucht; das Wort Heimat hat viele Gesichter.

Der Geruch

Selma Meister

In meiner Erinnerung ist es abends fünf Uhr. Ich freue mich aufs Nachtessen. Heute morgen wurde unsere Sau gemetzget und heute Abend gibt es frische Leberschnitten. Der Geruch der fein gebratenen Leber hat mich nie mehr ganz verlassen. Bis heute freue ich mich jedes Mal, wenn Leber auf der Speisekarte steht.

Zufall

Madeleine Bollinger

Heimat ist nur ein Wort; das steht in meinem Ausweis, im Pass. Heimat ist Zufall. Zufällig wurde ich da heimatberechtigt, vielleicht auch geboren und lebte eine Weile in der so genannten Heimat. Aber fühle ich mich auch dieser Heimat verbunden? Sich daheim fühlen: welch grosses Gefühl. Das kann ich überall dort, wo Menschen sind, die ich liebe, brauche und die auch mir zugetan sind. Wohl ist es mir dort, wo ich gute Menschen und Dinge (Bücher!) um mich habe, wo ich zur Ruhe kommen kann und wohin ich immer wieder gerne zurückkehrte, wenn ich dieses „Daheim" aus irgendeinem Grund verlassen musste, sogar nach Ferien.

Fernweh, Heimweh? Was ist stärker? Natürlich das Heimweh. Nach der Ferne, nach Neuem kann ich mich sehnen, kann mich dort eine Weile auch wohlfühlen. Aber im Hinterkopf wartet das Daheim auf mich. Es muss schlimm sein, nie mehr nach Hause zurückkehren zu können oder zu dürfen.

Wie Pech und Schwefel

Vreni Indlekofer

Meine Heimatgefühle sind sehr stark. Mein Herz wird ganz gross – und ich selbst werde zu einem kleinen Mädchen. Ich sehe mich zwischen Vater und Mutter stehend und fühle mich richtig beschützt. Ich spüre noch heute ihre warmen Hände. Auch meine vier älteren Geschwister auf dem Bild geben der Kleinen auf dem Foto die Sicherheit einer starken Familie.

Bis zu meinem neunten Geburtstag bleibt alles gut und schön. Doch am Ostersonntag 1952 liegt mein Vater tot im Bett. Ein Herzinfarkt hat ihn uns entrissen. Nun kam eine traurige und harte Zeit auf uns zu. Doch meine Mutter hat es geschafft. Wir haben wie Pech und Schwefel zusammengehalten, unsere Familie blieb intakt. Viele Jahre später starb unsere Mutter, auch die zwei älteren Geschwister leben nicht mehr. Aber ausser dem Tod gab es auch Eheschliessungen und somit auch weiteren Familienzuwachs.

Meine Heimat hat sich verändert, aber sie bleibt meine Heimat.

Dreimal Heimat

Annelis Dickmann

Dreimal Heimat

Heimat. Vater scherzt
mit Goldfisch im Teich.
Mutter wandert allein.

Heimat. Geschwisterstreit,
Vater erklärt Regeln
für Mutter. Männersache.

Heimat verlassen,
fliehen bei prasselndem Regen.
Kind verliert Puppe.

Ein Gespräch

Darf ich Sie was fragen?

Selma Meister

Darf ich Sie fragen, haben Sie auch Kinder? Ah, zwei Töchter, da haben Sie vielleicht Verständnis für meinen Kummer. Kürzlich ist mein jüngerer Sohn von daheim ausgezogen, und das macht mich immer noch traurig. Nun wohne ich ganz allein in meinem Haus. Für meinen 23 Jahre alten Sohn ist das ja eigentlich eine gute Zeit, um selbständig zu werden. Er beginnt ein Studium in einer anderen Stadt. Während des Studiums werde ich ihn noch unterstützen und auch seine Wäsche noch machen. Das gibt dann jedes Mal einen Besuch, und er kann erzählen, wie es so geht. – Sind Ihre Töchter noch zuhause oder auch schon flügge? Da sitzen wir ja im gleichen Boot. Es wird einige Zeit brauchen, bis wir uns daran gewöhnt haben. – Ich habe eine Idee: Könnten wir uns nicht öfter treffen und vielleicht ein schönes Konzert zusammen besuchen? Oder ein Museumsbesuch ist auch schöner zu zweit. Was meinen Sie? So würden wir die Einsamkeit weniger spüren. – Sie sind einverstanden, das freut mich sehr. Hier sind meine Adresse und Telefonnummer. Vielen Dank für Ihre Begleitung, ich hoffe, wir sehen uns bald wieder. Schönen Abend und auf Wiedersehen.

Die Neue

Doris Plüss

Stolz und schön stehen wir da, wir Laubbäume, zwischen dem neu restaurierten Anbau des Hotels *Drei Könige* und der Mittleren Brücke in Basel. Unser Ausblick reicht weit hinüber ins Kleinbasel, den Rhein hinauf und hinunter. Gegenüber am Eckhaus an der Strasse, die zum Marktplatz führt, streckt uns der Lällekönig tagaus und tagein die Zunge raus und rollt die Augen. Er ist unser Freund, doch es ist eben seine Aufgabe, die Zunge herauszustrecken und die Augen zu rollen. Warum weiss man bis heute nicht. Es ist ein spannender Ort, von früh morgens bis spät in die Nacht ist viel los.

Jetzt kommt der Herbst, und wir zeigen uns in unserer schönsten, vielfarbigen Pracht. Doch das geht nicht lange, und wir verlieren unsere Blätter. Einige wenige halten sich noch an den Ästen fest, bis auch das letzte Blatt den Halt verliert und meist schon braun und dürr in Richtung Boden schwebt. Kahl stehen wir da, niemand beachtet uns mehr. Doch wir sind gespannt, bald wird sich was verändern. Wir fragen uns: Was ist es jetzt wohl für eine?! Gespannt und neugierig warten wir. „Sie kommt, sie bringen sie", ruft der Lällekönig. Es erscheint eine grosse, grüne Tanne, abgesägt aus einem Wald, festgebunden auf einem Wagen, und jetzt wird sie neben uns aufgestellt.

Bald ist aus der grünen Tanne ein bunt geschmückter, glitzernder Weihnachtsbaum geworden. Sie wird bewundert. Die Menschen, vor allem die Kinder bleiben stehen mit glänzenden und strahlenden Augen und freuen sich. Uns beachtet niemand mehr. Vor allem sie, die glitzernd Geschmückte schaut verachtend auf uns herab.

Wir, der Lällekönig, die Möwen und andere Vögel lästern über sie. „Schaut, das ist doch kein Baum mehr, die soll mal im Wald gestanden haben?! Ha! Und jetzt ist sie mit gekünsteltem, kitschigen Geklitzer verziert und nachts leuchtet sie." Nach zwei Wochen sagt plötzlich eine von uns: „Habt ihr schon bemerkt, der Glitzerbaum ist so still. Ihr Blick ist nicht mehr überheblich. Sie schaut immer wieder verschämt und mit sehnsuchtsvollem Blick zu uns herüber. Ich glaube, sie ist traurig." Verstohlen beobachten wir sie. Auch dem Lällekönig ist diese Traurigkeit schon aufgefallen. Also entschliessen wir uns, sie darauf anzusprechen. Es kann ja nicht viel passieren.

Tief in der nächsten Nacht beginnt unser mutigster Kollege zaghaft: „Exgüsi Frau Tanne, wie geht es Ihnen? Wir haben nicht gewagt, Sie anzusprechen, weil Sie so kostbar behangen sind und uns auch nie beachtet haben. Doch seit ein paar Tagen haben wir und unser Freund, der Lällekönig dort drüben, das Gefühl, Sie schauen uns gar nicht mehr so von oben herab an. Sind Sie traurig?"

„Snif, snif! Ja, ihr habt recht, mir geht es ganz schlecht. Sie haben mich einfach aus dem schönen Wald geholt. Weg von meiner Familie, meinen Freunden, den anderen Bäumen, den Pilzen im Boden, von den Ameisen und all den andern Insekten und Kriechtieren. Weg von den Eichhörnchen, die in meinen Ästen herumsprangen, den Rehen und natürlich von all den Vögeln. Jetzt stehe ich hier, behangen mit all dem Geklitzer und den Lichtern. Ich sehne mich so sehr nach dem Wald. Meine einzigen Begleiter aus dem Wald sind die Sonne und der Mond."Ganz still haben wir alle ihr zugehört und haben uns geschämt. Wie konnten wir das übersehen?!

Wir wussten ja, dass man sie wieder holen wird. Doch wohin wird man sie bringen? Wohl nicht in den Wald, sie hatte ja keine Wurzeln mehr. Wir wussten es natürlich nicht. Da entschlossen wir uns, mit ihr die restliche Zeit so angenehm wie möglich zu verbringen. Sie erzählte uns vom Wald und wir von der Stadt. Die Zeit verging sehr schnell, und der Abschied war schwer. Auch wir können weinen, die Tränen beim Lällekönig hat sicher auch niemand bemerkt.

Wir entschlossen uns, die nächste Tanne – und die wird mit Sicherheit kommen – freudig zu begrüssen und ihr die Zeit so angenehm wie möglich zu gestalten. Das wird auch schön für uns sein.

Diese Leichtigkeit

Annelis Dickmann

Ein sonniger, aber kühler Herbstsonntagmorgen, ein Paar sitzt am Ufer des Bodensees. In einem leichten Nebelschleier über dem Wasser gleiten Segelboote lautlos dem andern Ufer zu.
Karla seufzt: „Wie schön, diese Leichtigkeit. Das träumerische Gefühl möchte ich im Alltag als Rettungsanker behalten."
„Oh ja, das wäre möglich, wenn … " Franco richtet sich auf: „Ich möchte dich schon lange fragen, was du davon hältst –"
Karla wartet. „Wovon sprichst du? ", fragt sie dann doch etwas neugierig.
„Was hältst du von einem eigenen Segelschiff?"
„Dein Traumschiff?", fragt sie nach längerem Schweigen.
„Nein, unser Familienschiff", antwortet er mit Bestimmtheit.
Beide hängen ihren Gedanken nach mit dem Blick auf die Schiffe, die aus dem Hafen segeln.
„Planst du auszusteigen aus der elterlichen Crew, deinen Anteil an diesem gemeinsamen Boot als Anzahlung für etwas Eigenes zu benutzen? "
„Ja. Ich denke auch an die Kinder, wir wären unabhängig vom Clan und Club", meint er etwas ungeduldig.
Karla nimmt locker seine warme Hand. Sie stellt sich eine Weigerung vor, unmöglich! Der Gedanke lässt sie frieren. Das Bild der im Dunst des Nebels verschwindenden

Boote berührt sie. „Wie ich dich kenne, hast du genaue Pläne. Ja, ich bin dabei."

„Ohne Diskussion, ohne Wenn und Aber?" Franco umarmt sie freudig. Die Sonne löst den Nebel auf, das Paar geniesst die Gegenwart des andern und die Ruhe am See.

„Was erwartest du vom Segeln?"

„Ein freies Leben mit anderen Regeln, auch für die Kinder. Ferienzeit ohne Haushalt, wenig Haushalt. Ein Miteinander, Zusammensein, zwar den Launen des Wettergottes ausgeliefert, aber es gibt kein schlechtes Wetter."

Beide erinnern sich an ihre griechische Insel auf der Hochzeitreise.

„Unser Boot heisst Siphnos." Franco erklärt es feierlich. Karla bestätigt mit Freude.

Ein Telefongespräch, kurz und witzig

Graziella Brusadelli

Hallo, ah du bist es, Vreni. Das freut mich. Wie geht es dir?
Frag nicht.
Aha, aber schön, dich zu hören. Erzähl mir doch etwas.
Ja, deswegen rufe ich dich an.
Also los, ich bin ganz Ohr.
Ich weiss nicht, wie anfangen.
Ah so, weisst du was, komm doch bei mir vorbei. Wenn wir einander sehen, geht es sicher besser. So beim ins Telefon reinreden, sehe ich doch dein schönes Gesicht gar nicht.
Eben, das ist es.
Aber warum? Ich verstehe das nicht.
Das kannst du ja auch gar nicht verstehen.
Und warum nicht?
Jetzt sag ich es doch: Ich habe eine Zahnlücke, das ist schrecklich, weisst du.
Das ist schrecklich, meinst du? Ich finde so etwas lustig. Ich kenne so eine Situation, habe es selbst erlebt. Weisst du, komm doch vorbei.
Nein, nein das geht wirklich nicht, und dann sollte ich eigentlich zum Coiffeur, aber auch das geht doch nicht mit einer Zahnlücke.
Ich rate dir, geh und halte einfach den Mund zu.
Glaubst du das geht?

Probier es einfach, und anschliessend komm bei mir vorbei. Sicher wirst du sehr schön aussehen, so frisch vom Coiffeur. Also ich warte auf dich und freue mich.

Oh, du bist ein Schatz. Ich wusste, dass du mir helfen kannst. Also tschüss, auf bald.

Hausaufgaben

Nina Jud

Beim Überlegen, was ich zu diesem Thema schreiben könnte, stellte ich fest, dass es viele verschiedene Gesprächsarten gibt. Ein Gespräch unter Freunden läuft ganz anders ab, als ein politisches Gespräch zwischen zwei kandidierenden Kontrahenten. Es kann ein liebendes Gespräch geben oder auch ein zänkisches Streitgespräch. Ein Gespräch zwischen dem Arzt und der Patientin verläuft anders, als ein Gespräch vom Arbeitgeber zum Angestellten. Ich versuche nun, ein Gespräch zwischen einem Lehrer und einem Schüler zu konstruieren.

Lehrer: Wo sind deine Hausaufgaben?
Schüler: Hab ich nicht.
Lehrer: Warum?
Schüler: Es hat mir gestunken, Hausaufgaben zu machen.
Lehrer: Aber du weisst, dass Hausaufgaben wichtig sind.
Schüler: Warum?
Lehrer: Um dir die Formeln einzuprägen.
Schüler: Die brauche ich eh nie.
Lehrer: Das kannst du jetzt noch gar nicht wissen. Im Übrigen ist es wie im Sport. Trainieren, trainieren und nochmals trainieren.
Schüler: Ach, Sport, ich game lieber.
Lehrer: Was reizt dich denn so am Gamen?
Schüler: Die Spannung, die Reaktion, das Gewinnen.

Lehrer: Bis morgen bringst du mir einen Aufsatz über das Gamen.
Schüler: Muss das sein?
Lehrer: Ja, das muss sein. Und jetzt ab in die Pause, aber ohne Gamen.

Wie haben sich die beiden im Gespräch geschlagen? Wer hat gewonnen? Muss immer jemand gewinnen? Das Gespräch hätte auch anders verlaufen können. Zum Beispiel so:

Lehrer: Wo sind deine Hausaufgaben?
Schüler: Hab ich nicht.
Lehrer: So geht das nicht. Dein Verhalten ist inakzeptabel. Du musst die Hausaufgaben machen. Das erfordert zusätzliche Strafaufgaben. Wenn du so weiter machst, wirst du die Matura nicht bestehen und dir die Zukunft verbauen. Ich werde an deine Eltern schreiben müssen.
Schüler: Ist mir doch egal … und er stolziert aus dem Schulzimmer.

Im Gasthaus

Madeleine Bollinger

Die Sonne brennt. Müde schleppe ich mich dahin. Zum Glück taucht nun ein grosses Gebäude am Wegrand auf. Ein Gasthaus. Hier werde ich etwas zu trinken bekommen. Ich betrete die etwas dunkle Stube im Erdgeschoss; sie scheint leer zu sein. Nein, in einer Ecke sitzen an einem langen Tisch ein paar Leute, in ein leises Gespräch vertieft. Sie haben wahrscheinlich hier gegessen und sind nun beim Kaffee. Mein Hereinkommen haben sie nicht bemerkt. Ich setze mich an einen kleinen Tisch und warte auf die Bedienung. Niemand kommt. Wer wohl die Leute in der Ecke sind? Eine Wandergruppe? Ein Ausflug des Kirchenchors? Sie sind nicht sehr sportlich angezogen, eher distinguiert. Also ein Geschäftsessen?

Da ich meine Brille nicht bei mir habe, kann ich die Gesichter nicht genau sehen. Ein paar kommen mir doch bekannt vor, die habe ich schon einmal gesehen. Fetzen ihres Gesprächs gelangen an mein Ohr. Sie reden über jemanden: „Er war ein netter Kerl" und „Er scheint sehr einsam gewesen zu sein, schade, dass er so früh sterben musste". Aha, ein Beerdigungsessen, so glaube ich zu erkennen. Einer führt das Wort, jedenfalls fällt er mir auf. Kenne ich seine Stimme? Der Posthalter? Nun höre ich deutlich, was er sagt: „Die Wohnung von …" und da fällt mein Name, „ist ja nun frei und zu verkaufen. Ich hätte

Interesse." Die reden von mir! Also muss ich tot sein. Unbemerkt verlasse ich die Stube und begebe mich auf den Rückweg zum Friedhof.

Finden

In der Garage

Doris Plüss

Ich bin in einer Zweizimmerwohnung in einem Mehrfamilienhaus im Klingental im Kleinbasel aufgewachsen. Im Parterre war eine Autowerkstatt, Schmidlin und Co.

Ich war circa zehn Jahre alt. Wir kamen aus den Ferien aus Italien zurück, und kaum in der Wohnung angekommen, überfiel uns unsere Nachbarin mit dem Schlüssel zur Garage von Herrn Schmidlin. Aufgeregt erzählte sie uns, dass der Garagist und sein Mitarbeiter gestern in die Ferien gefahren sind und die Garage geschlossen haben. Nun ja! Wo ist da das Problem, das war ja jedes Jahr so? Ja schon, doch es gibt ein Problem und zwar ein grosses. Seit drei Tagen habe sich eine Katze in der Garage versteckt. Sie hörten immer wieder ihr Miauen, konnten sie aber nicht finden und somit auch nicht fangen. Die Nachbarin bat uns, das Tier zu befreien. Sie wusste, dass wir bis vor einem Jahr eine schwarze Katze – unseren Neger – hatten. Also wissen wir sicher, was zu tun sei.

Was! Eine K A T Z E! Mir stellten sich meine Ohren und all meine Haare. Ich rannte mit dem Schlüssel die Treppe zur Garage hinunter. Meine Mutter brachte noch Milch und ein bisschen gehacktes Fleisch. Wir versuchten, das Tier heraus zu locken. Juhui! Mit viel Geduld gelang es. Aus der Garage schwankte eine total mit Öl verschmierte, magere, scheue Katze. Gierig trank sie die Milch. Sofort nahm ich sie hoch – und welch ein Wunder

– sie schmiegte sich fest an mich. Nicht gerade zum Vergnügen meiner Mutter. Denn ich hatte noch mein gelbweisses Kleid mit Blumen, das sie mir genäht hatte, an. Man kann sich vorstellen, wie ich dann aussah: ölverschmiert. Doch ich war soooo glücklich, sah meine Eltern an und fragte: Darf ich sie nach oben nehmen? Mein Vater: Nein. Gleichzeitig meine Mutter: Ja. Meine bittenden Augen haben gesiegt.

Ich weiss nicht, wie lange meine Mutter gebraucht hat und mit welchen Mitteln sie das Fell des Katers – es war ein Kater – wieder sauber machte. Wie es sich gehört, haben wir verschiedene Zettel mit der Mitteilung „Zugelaufener Kater" aufgehängt. Zu meiner Erleichterung hat sich niemand gemeldet. Das Herz meines Vaters – er war ja auch ein Katzenfreund – hat er sehr schnell erobert. Nachdem er vom Öl befreit war, kam ein wunderschöner, braun-schwarzer Tiger zum Vorschein. Ich nannte ihn Bumsi. Ich weiss nicht, wie ich zu diesem Namen kam. Doch verständlicherweise nicht zur Freude meiner Eltern. Doch er blieb, mit diesem Namen, noch etwa vierzehn Jahre ein wichtiges Familienmitglied und hat viel Liebe, Freude und Zärtlichkeit gebracht, die wir ihm natürlich sehr gerne zurückgaben.

Gefunden

Graziella Brusadelli

Ich konnte zuerst nichts für diese Aufgabe finden, da musste ich schon wirklich suchen. Nach Langem fand ich etwas Wahres, das ich aber nicht so offen preisgeben wollte, denn für mich ist es wie ein Geheimnis. Also musste ich weitersuchen. Komisch, dass diese Aufgabe mir so viel Mühe machte. Aber ich wollte doch auch etwas auf's Blatt bringen. Die Zeit des Treffens näherte sich immer mehr. Also, was könnte ich schreiben? Ich überlegte immer weiter. Plötzlich hatte ich etwas gefunden, eben das, was ich jetzt vorgelesen habe, das habe ich geschrieben. Ich fand wirklich nichts anderes. Es ist zum Lachen!

Der Findling

Annelis Dickmann

Vor unserem Haus stand seit Urzeiten ein zwei Meter hoher Stein. Kinderarme zu dritt reichten nicht ganz, um ihn zu umarmen. Auf Augenhöhe ein Loch, fünf Zentimeter gross. Neugierig bohrte ich darin, erhielt aber keine Auskunft über das Innenleben des Steins. Mit etwa zehn Jahren waren wir gross genug, auf den Stein zu klettern, der etwas schräg stand. Unseren Spielplatz aus dieser Höhe zu betrachten, die Welt so zu überblicken, war ein Vergnügen.

Unsere Fantasie nahm den Findling als Spielkameraden auf. Er musste erzählen, von seinem Weg, auf dem Gletscher der Eiszeit, bis vor unserer Tür. Von seinen Freunden, die aufgesprengt im Fluss landeten, vom Leben in der Eiszeit. Der raue Stein, auf der Nordseite mit graugrünen Flechten bewachsen, war gezeichnet von Schattierungen, Grau bis Schwarz, die sich je nach Tageszeit veränderten. Für mich zeigten sie die Steingeister, die freundlich oder boshaft sein konnten. Ein Junge lachte mich aus, als ich von ihnen erzählte. Sie stellten ihm ein Bein. Er fiel ins Gras, erschrocken, aber unverletzt.

Der von der Sonne gewärmte Fels, vom Wind gekühlt im Sommer, war Klagemauer und Trost, Zuflucht und Berater, nicht nur für mich. Seinetwegen lernte ich viele Arten Steine kennen, fand den Weg in die Welt.

Der Fund

Nina Jud

Vieles findet man in einem langen Leben: Kameraden, Freunde, vielleicht den Traummann oder die Traumfrau, eine gemütliche Wohnung, einen besonderen Baum, Blumen, ein Bild, das einen besonders anspricht.

Ich erzähle euch jetzt von einem Fund, den ich auf einer Flussreise in Sibirien gemacht habe, auf dem Jenissei. Wir waren schon ein paar Tage auf dem Fluss und hatten bei verschiedenen Städten und Orten angehalten. Aber heute stand das Schiff mitten im Fluss still. Also hiess es Tendern. Wir wurden ans Ufer gebracht, wo uns ein Ranger – auf Russisch heisst er wohl anders – erwartete, gerüstet mit Stiefeln und einem Gewehr. Er führte uns durch die Taiga, durch grünen Wald, machte uns auf dies und das aufmerksam, unter anderem auch auf die Schlafmulde eines Bären. Also wilde und schöne Landschaft. Zurück am Fluss, mussten wir auf das Tenderboot warten. Ich schlenderte auf dem Kiesbett den Fluss entlang. Plötzlich fiel mir ein merkwürdiger Stein ins Auge, rötlich, unförmig, gar nicht passend zu den übrigen runden, glattgeschliffenen Steinen. Ich hob ihn auf. Er fühlte sich angenehm an. Ich nahm ihn mit und fragte unsere allwissende Reiseführerin, was das für ein Stein sein. Ein Jaspis, ein Edelstein, antwortete sie mir. Ich habe einen Edelstein an einem wilden Flussbett gefunden? Ich schmuggelte ihn nach Hause und fragte eine Bekannte, die Goldschmiedin war, ob das wirklich ein Edelstein sei.

Sie relativierte, es sei ein Halbedelstein, aber ein sehr schöner. Sie würde gerne etwas daraus machen. Ich überliess ihr den Stein, die Goldeheringe meiner Eltern und einen Ring aus Granaten. Und jetzt hängt er an meinen Hals, ein Unikat, ein einmaliges Stück auf der ganzen Welt.

Die andere Seite

Selma Meister

Da ich nie etwas verliere, erzähle ich die andere Seite. Ich bin ein Pechvogel, weil ich schon oft bestohlen worden bin.

Erster Diebstahl. Während des Morgestraichs. Frohgemut zogen meine USA-Studentin und ich los, um den Basler Morgestraich zu erleben. Gegen den Schluss hin sind wir auf dem Barfi gelandet. Da war jedoch eine riesige Menschenmenge. Ich hatte Dianne versprochen, dass wir dann am Schluss noch Mehlsuppe und Zibelewaie essen würden. Als ich in meine Tasche griff, um mein Portemonnaie rauszunehmen, griff ich ins Leere. Nicht einmal Trämligeld hatte ich und musste die Hilfe von Dianne in Anspruch nehmen. Adieu schöner Morgestraich!

Zweiter Diebstahl. Auf dem Claraplatz warteten viele Leute auf das Sechsertram. Endlich kam es und war schon fast voll. Meine Tasche hatte ich über die Schulter gehängt. Wegen Platzmangel musste ich mich oben halten. Am anderen Morgen wollte ich zum Einkaufen fahren. Mein Portemonnaie war jedoch nicht mehr vorhanden. Das Schlimme war, dass alle Karten auch verschwunden waren, samt ID und Bankkarte. Das musste alles neu gemacht werden. Die Meldung auf der Polizei brachte ich auch noch hinter mich.

Dritter Diebstahl. Mallorca. Überall auf der Welt gibt es lange Finger. In den Ferien mit meinem Mann haben wir öfter Ausflüge gemacht. Eines Tages beschlossen wir, das kleine Innerortsbähnli zu benutzen. Es war recht altmodisch, man musste noch eine Treppe hinaufsteigen. Eine lange Reihe Leute stieg ein. Innen konnte man die Billette kaufen. Als ich bezahlen wollte, war mein kleines Ferienportemonnaie verschwunden. Die Treppe! Ich erinnerte mich, dort gestossen worden zu sein. Zum Glück hatte ich meinen Mann bei mir, so dass wir doch noch einen schönen Ausflug machen konnten.

Vierter Diebstahl. Beim Coiffeur. Bei einem der Gidor-Geschäfte in Basel war ich Stammkundin. Eines Tages war wieder ein Schnitt fällig. Die Coiffeuse fragte mich, ob es mir recht sei, wenn ihr jüngerer Gehilfe mir die Haare wasche, was ich natürlich erlaubte. Ich trug ein wunderschönes Halsketteli aus Silber mit einem ziselierten, sehr schönen Herz. Zuhause auf der Toilette beim Ausziehen fiel das zerrissene Ketteli zu Boden, natürlich ohne Herz. Ich war sehr traurig, denn es war ein liebevoll ausgesuchtes Andenken.

Aufpassen, aufpassen, heisst die Devise.

Reisen

Unsere Nordlandreise

Selma Meister

In den Fünfzigerjahren hat Migros ganz spezielle Reisen angeboten, so genannte Autoplan-Reisen. Nun konnten wir endlich mal nach Dänemark und Norwegen reisen. Die Übernachtungen mit Abendessen wurden alle zum Voraus reserviert. Die Daten mussten genau eingehalten werden, damit alles klappte.

So fuhren wir also los, mit einem befreundeten Ehepaar, das auf diese Weise auch zu einer schönen Reise kam. Nach einigen Tagen: Ankunft in Kopenhagen. Natürlich Besuch des weltberühmten Tivoli, wo wir die Achterbahn bestiegen. Noch heute geht ein Schauer durch mich, das Tempo, die Kurven und rasanten Abfahrten – ich konnte nur noch fürchterlich schreien: Nie mehr Achterbahn!

Nach Plan ging es weiter nach Norwegen. Bergen war unser Ziel, wir haben die hübschen, bunten Häuser bestaunt. Anderntags war ein Ausflug geplant, noch weiter nach Norden. Wir landeten auf einem riesigen Flugfeld. Plötzlich fühlte ich mich so schrecklich einsam und habe geheult wie ein Kind, vor lauter Heimweh. Nachts wurde es einfach nicht mehr dunkel, und der Schlaf wollte und wollte nicht kommen. Am nächsten Tag begann die Heimreise; ich habe mich sogar gefreut. Wir sind wohlbehalten zu Hause angekommen und waren ganz froh um den normalen Alltag.

Reisen bildet

Nina Jud

Viele Jahre konnte ich nicht reisen. Da mangelte es an Geld, da waren die Kinder zu klein. Zwei Haushalte mussten besorgt werden, da waren andere berufliche Verpflichtungen. Aber dann, als die Kinder aus dem Haus waren, da konnte ich mir viele Wanderferien leisten, auch in andere Länder. Mein Mann war kein Reiseliebhaber, aber er liess mich gehen, und ich ging, alleine.

Man sagt nicht vergebens „Reisen bildet". Auf Wanderferien kann man die Landschaft besonders intensiv erleben. Man kommt mit anderen Kulturen in Berührung und lernt, dass auch diese ihre Berechtigung haben. Aber auch auf Rundreisen lernt man viel Neues, Interessantes und Dinge, die sich von einem Land zum anderen widersprechen. Aber auch das hat seine Berechtigung.

So habe ich im Nationalpark in der Nähe von Ushuaia, am untersten Zipfel von Südamerika, einen „toten" Wald erlebt. Eine grosse Fläche bestand aus toten Bäumen, die in einem Sumpf standen. Die Reiseleiterin erklärte uns, dass das das Werk von Bibern sei. Diese bösen Tiere ertränkten den Wald. Einige Zeit später habe ich in Polen auch einen Nationalpark besucht. Auch hier besuchten wir einen Wald mit toten Bäumen. Aber diese Reiseleiterin erklärte es folgendermassen: Das Holz werde verarbeitet. Die Biber erschaffen Tümpel, und diese regulieren den Wasserstand des jeweiligen Waldes. So kann man alles auf verschiedene Weise begreifen.

Aber nur wenn man hingeht und sich selbst seine Gedanken macht.

Ich kann nicht sagen, diese oder jene Reise war am schönsten, höchstens kann ich sagen, diese oder jene hat mir sehr Eindruck gemacht. Aber jede Reise hat etwas gebracht, nie war ich enttäuscht. Und heute lebe ich von den Erinnerungen.

Venedig

Helly Bernhard

Reisen, da kommen mir gleich Erinnerungen an schöne Städtereisen in den Sinn. Es hatte sich so eingespielt und war zur Tradition geworden: Tosca, meine Freundin, und Felix, ihr Mann, und ich bereisten in der letzten Woche des Novembers eine Stadt. Warum November? Zu dieser Zeit hatte es fast keine Touristen unterwegs und in den Museen und Ausstellungen wenig Besucher. Die Strassen und Geschäfte wurden weihnachtlich geschmückt, und an vielen Orten die Weihnachtsmärkte aufgestellt und eingerichtet.

So bereisten wir Paris, Wien, Salzburg, Rom, Florenz, Venedig und noch weitere Orte. Im Reisebüro liessen wir das Bahnbillett ausstellen und die Hotelreservation vornehmen. Alles andere planten wir selbst.

Warum gerade Venedig? Venedig hat im November eine ganz spezielle Atmosphäre. Nebel und Sonnenschein lösen sich ab. Schon wenn man den Bahnhof verlässt, steht man vor einer ganz besonderen Kulisse. Diesen Anblick mussten wir erst einmal auf uns einwirken lassen. Dann die Fahrt mit dem Vaporetto Richtung Markusplatz, vorbei an all den alten Palazzi, einfach unbeschreiblich schön. Auf dem Markusplatz wurde alles vorsorglich gegen Aqua alta hergerichtet. Unser gewähltes Hotel lag hinter dem Markusplatz in einer kleinen Seitenstrasse. Gar nicht leicht, den Heimweg zu finden. Die vielen Kanäle und Brücken, da kann man schon mal die Orientierung verlieren. Wir hatten bald einmal ein nettes kleines Restaurant gefunden. Feines Essen, sehr nette, freundliche Bedienung, eine angenehme Atmosphäre. Aber dieses Restaurant wieder zu finden, war immer eine grosse Herausforderung an unseren Orientierungssinn.

Ein Tagesausflug führte uns mit dem Vaporetto nach Murano. Wenn plötzlich, aus dem Dunst, die farbigen, typischen Häuser sichtbar werden, das war für uns wie eine Reise in eine Märliwelt. Murano mit all den vielen Glasbläsereien und Geschäften, wir kamen aus dem Staunen nicht heraus. Die Auslagen mit den schönen Kunstwerken aus Glas, man könnte kaufen, kaufen, kaufen. (Ist nur eine Frage des Geldbeutels.) Ich kaufte mir einen kleinen, circa zwanzig Zentimeter grossen Weihnachtsbaum aus Muranoglas. Der wird jedes Jahr zur Weihnachtszeit aufgestellt. Er ist pflegeleicht, verliert keine Nadeln und ist immer grün, aber sehr empfindlich gegen Stösse oder Umkippen.

Erinnerungen an schöne Reisen kann man nicht vergessen, sie bleiben.

Tombuktu

Annelis Dickmann

Die grosse Freiheit habe ich, die ich nicht wollte. Der Betrieb der fünfköpfigen Familie ist aufgelöst. Die Kinder ausgezogen, mein Mann gestorben, ein Jahr später mein Vater. Wie weiter? In meiner Kindheit liegt die Antwort. Damals träumte ich von Reisen an Orte wie Samarkand, Maracaibo und Tombuktu, des Klanges der Namen wegen. Zufällig organisierte ein Reisebüro eine Studienreise nach Mali, Tombuktu, der Stadt des Anfangs und des Endes, wo Salz- und Goldkarawanen ankommen und losziehen. Diese Stadt war im Mittelalter die Hauptstadt der afrikanischen Muslime. Auch von den beiden Volksstämmen, den Dogon und den Tuareg hatte ich gelesen. Ihre Lebensweise wollte ich kennenlernen.

Der Flug von Bamako nach Tombuktu mit einem alten, russischen Transporter war nicht Vertrauen erweckend. Auf den Sitzbänken an der Wand mussten wir angebunden sitzen bleiben. Die Landeräder blieben ausgeklappt, so sahen wir bange auf die abgenutzten Pneus. Staunend und erleichtert landete ich in einer Stadt meiner Träume.

Nach sieben Jahren hatte es endlich wieder geregnet. Kinder und Hunde spielten in Wasserpfützen auf der Hauptstrasse. Ein grosser Steinbackofen stand auf der Strasse, gehütet von einer Frau in indigoblauem Kleid.

Die Lehmbauten der Stadt mussten in gemeinsamer Arbeit der Bürger nach dem Regen aufgepflastert werden.

Nachmittags war ein Ritt auf Kamelen geplant, zum Lager der Tuareg. Zehn Kamele sollten uns in die Wüste tragen. Für mich stand als letztes ein junges, unerfahrenes Tier bereit. Kaum war ich oben, riss mich ein markerschütternder Schrei aus dem Sattel. Ich spürte ihn durch den ganzen Körper.

Trotz der Schlangengeschichten des Führers ging ich zu Fuss hinter der Karawane her. Im Zeltlager der Tuareg wurde uns sehr süsser Minzentee serviert. Man zeigte uns Handarbeiten aus Silber, Leder, Stoffe, Teppiche mit der Hoffnung auf gute Geschäfte. Abends im Hotel, mit Sicht in die Wüste, war für uns eine Tafel gedeckt. Platten mit Gemüse wie Okra, Bohnen, gebackenem Fisch, Lamm- und Pouletfleisch, Salaten, Reis. Fünf Tuareg mit verschleierten Gesichtern spielten ihre Melodien. Ein Paar sass im Schneidersitz am Boden, grosse Schwerter in der Hand und bewegte sich im Rhythmus der Musik. Staunend liess ich mich berühren von der Anmut des Tanzes, der Geschichte der Nähe und Distanz, Zuneigung und Auseinandersetzung, ein unvergesslicher Eindruck.

Kinder spielten, ihre hungrigen Augen verfolgten mich. Die Reiseleitung hatte Blindheit und Geiz empfohlen, mir fiel Einiges vom Teller unter den Tisch.

Der Flug, der Schrei des Kamels, die Kinder unter unserem Tisch, besonders aber der Tanz mit den Schwertern rüttelten an meinen Grundfesten. Mein Magen rebellierte. Alles erschien mir wie im Film, die Architektur der

Stadt wie eine Zeitmaschine, die mich in eine andere Welt katapultierte. Anhand der Fotos erinnere ich mich heute.

Am nächsten Tag verliessen wir Tombuktu, fuhren mit Jeeps Richtung Niger, an abgestorbenen, getrockneten Palmenstrünken und Knochen verdursteter Tiere vorbei. Auf dem Fluss erwarteten uns zwei langgezogene Kähne, mit Stoffdach und dunkelbraunem Segel. Auf dem Küchenschiff erhielt ich einen Platz, unter Dach in einer ruhigen Ecke, wo ich mich dankbar zurückzog. Tee, Reis und Banane nahm mein Magen auf. Das Fasten war mir ein Bedürfnis, trotz leichter Temperatur fühlte ich mich wohl.

Auf Anraten der Reiseleitung verzichtete ich auf die Wanderung zu den Dogon in den Bergen. Ich blieb im Hotel-Bungalow am Niger. Bananenstauden und Dattelpalmen boten mir Schatten. Die Klimaanlage lief auf Hochtouren. Geckos kletterten die Glaswand hoch, beäugten mich und huschten weg. Zur Beruhigung der Leitung bestellte ich einen Arzt ins Hotel. Seine Diagnose: „L'Afrique vous boulverse» bestätigte ich lachend. Zur Sicherheit verschrieb er mir Medikamente, die ich in der Apotheke abholen konnte. Gegen vier Uhr bummelte ich dem Fluss entlang. Ein barackenähnliches Gebäude, drinnen Theke, mit Glasaufbau, zum Abschliessen und zum Schutz der fast leeren Regale, war die Apotheke. Trotz herumstehender Kunden wurde ich sofort aufgefordert, an der Theke mein Rezept abzugeben, was ich zögerlich tat.

Der Apotheker in weisser Kleidung verschwand hinter den Regalen. Schon dachte ich, er müsse selbst mischen. Nach langer Wartezeit kam er, schüttelte bedauernd den Kopf. Leider seien zwei der drei Medikamente nicht an Lager. Das Dritte, ein leichtes, fiebersenkendes Schmerzmittel aus Frankreich, legte er vor mich hin. Angesichts der leeren Regale und der Wartenden konnte ich die Packung nicht annehmen. „In zwei Tagen bin ich zu Hause", erklärte ich dem Apotheker. Verlegen lächelnd verabschiedete er mich und verschwand hinter den Regalen.

Meine Symptome verlor ich zu Hause. Keine tropische Krankheit, nur zu viel Hoch und Tief der Gefühle, war die Diagnose des schwarzen und weissen Doktors.

Reise en miniature

Graziella Brusadelli

Zum Thema Reisen wusste ich nichts, ausser einer Art zu Reisen, en miniature. Es war ein Geschenk, zum 90. Geburtstag, von meinen Kindern. Punkt drei Uhr wurde ich in der Wohnung abgeholt, der Rollator musste mit. Beim Ausgang der Senevita wurde ich mit Jubel empfangen. Es war ein herrlicher Augenblick. Neun geschmückte Velos mit je einem Familienmitglied an jeder Lenkstange standen Spalier. Am ersten hatte es noch eine Rikscha und am letzten einen Anhänger. Die Rikscha war für mich bestimmt, der Anhänger für den Rollator. Gut, und jetzt, was haben sie vor?

Plötzlich kam alles in Bewegung, in einer langen Reihe ging es Richtung Lange Erlen. Nicht sofort sah ich Angenehmes. Wir befanden uns auf einer verkehrsreichen Strasse, unter einem Gewirr von Betonbrücken und Autobahnen. Aber nicht lange, nach einer Riesenkurve, öffnete sich die Weite vor uns, und die lange Kolonne konnte mitten ins herrliche Grün einfahren. Alle atmeten gelöst die frische Luft ein. Es war wohltuend, diese Freiheit, diese Ruhe, und da wurde tüchtig gestrampelt, geradelt, gelacht, gesungen. Man staunte über die üppige Natur, und fröhlich rollten die Kilometer dahin. Es wurde Zeit, Ausschau zu halten, nach einem geeigneten Parkplatz mit Tankstelle. Abseits des Weges schien so etwas zu sein. Es wurde dorthin gezielt, perfekt, Halt, bremsen, absteigen, parkieren und tanken. Es gab Feines zum Trinken, auch Verschiedenes für den kleinen Hunger, und immer wieder wurde nachgefüllt. Nicht genug. Ein Ständchen gab es auch noch. Ich konnte mitmachen, mitsingen, mitlachen. Es wollte nicht enden, so eine Überraschung. Aber wir mussten doch wieder aufbrechen. Ich stieg wieder in die Rikscha und der Rollator in seinen Wagen. Alle Füsse traten in die Pedale, und alles rollte wieder.

Über eine Brücke gelangten wir ans andere Ufer des Flusses Wiese, und weiter ging es den Fluss entlang, abwärts bis zu dessen Mündung in den Rhein. Dort wurde es wieder lebendiger. Aber unser Zug fuhr weiter durch die belebte Rheinpromenade, aufwärts bis zum Burgweg, um die frisch verputzte Fassade zu bestaunen und mit Nostalgie zum dritten Stock hinaufzuschauen, wo unsere langjährige, ehemalige Wohnung war. In der Nähe wurden wir in einem freundlichen Lokal erwartet, wo uns der verdiente Znacht mit Pizza und Rotem serviert wurde. Unsere Reise wurde beendet mit dem letzten Tramp von unseren Trämplern, bis Erlenmatt Senevita. Sehr spät nahm die herrliche Reise ein Ende. Glücklich und dankbar nahm ich Abschied. Es war komisch, ohne herzliche Umarmung wie gewohnt, denn Corona erlaubte es nicht. Es war trotzdem wunderbar!

Das Kleid

Zitronenfarbige Spitze

Selma Meister

Das bestimmte Kleid hängt in meinem Kleiderkasten, zwischen all den anderen Kleidern, Hosen und Jupes. Ich habe es vor sechzig Jahren bekommen, für meine erste Ferienreise nach Italien. Dass ich es nach so langer Zeit noch habe, ist wirklich wegen seiner Schönheit. Der Oberstoff ist zitronenfarbige Spitze, das Futter aus gelbem Satin.

Der zweite Grund, dass ich es noch besitze, ist, weil es in der Grösse noch passt. Das ist nicht selbstverständlich nach vier Geburten. Natürlich trage ich das Kleid nur an festlichen Anlässen, darum ist es noch sehr gut erhalten. Im Laufe der Zeit erhielt ich viele Komplimente. Ich liebe es sehr und behalte es, so lange ich lebe.

Das Trächtli

Alice Lehr

In den Kriegsjahren von 1940 bis 1945 begann meine Schulzeit. Ich ging täglich durch die ganze Wettsteinallee zur Primarschule, im Theodorschulhaus am Wettsteinplatz. Diesen Weg konnten zwei Nachbarskinder und ich bequem auf den Rollschuhen, mitten auf der Strasse, zurücklegen, denn Auto und Verkehr gab es nicht. Das Benzin war rationiert. Rationiert waren auch viele Lebensmittel und Kleider, Stoffe, Wolle, Seide und Garne. Meine Mutter trennte alte Kleider auf und fertigte daraus neue an. Auch für mich gab es ein Schulröcklein und eine Schürze. Grossen Anklang fand dann aber der Trachtenstoff der Basler Webstube.

Einige Basler gründeten 1917 den Verein Basler Webstube, mit dem Ziel, Menschen mit geistigen Beeinträchtigungen Arbeit zu ermöglichen. An Webstühlen wurden Stoffe hergestellt, so auch der beliebte Basler Trachtenstoff, braun mit kleinen, weiss gestickten Blümchen, für die Basler Werktagstracht. Trotz Rationierung konnten meine Mutter und viele andere Mütter von diesem Stoff kaufen, um daraus nach Angaben der Webstube echte Basler Trachten für uns Mädchen zu nähen. Diese Tracht – ich sagte ihr „s'Trächtli" – wurde bald zum praktischen und bequemen Alltagskleid für Schule, Werktag und Feiertag. In der Stadt wurden wir in unseren „Trächtli" gern gesehen, denn während der Kriegsjahre und der damit verbundenen „Geistigen Landesverteidigung" galt in der ganzen Stadt die Tracht als das „Kleid der Heimat."

Als aber in der Nachkriegszeit die Rationierung wegfiel und bald wieder bunte Stoffe und modische Kleider in die Läden kamen, verschwanden allmählich die „Trächtli" aus dem Stadtbild. Viele Jahre später fragte ich mich sogar, ob es in Basel-Stadt überhaupt Trachten gibt. Da stand ich eines Tages in der Freien Strasse vor einer Trachtenfrau, die 1.-August-Abzeichen verkaufte. Sie trug die Basler Wintertracht, mit rotem Rock und erklärte mir, dass die Trachtengruppe Basel-Stadt und die Trachtenvereinigung das Trachtenwesen, vor allem mit der Werktags-, Winter- und Sonntagstracht, bei uns fördern und unterstützen. Sie treten bei verschiedenen Gelegenheiten in Erscheinung, etwa bei offiziellen Anlässen der Basler Regierung, ebenso an eidgenössischen und internationalen Trachtenfesten und Volkstanzanlässen. Aber im privaten Bereich sind die Trachten in Basel weniger gefragt, im Vergleich zu den Kantonen Bern, Appenzell, Luzern etc. Gesamtschweizerisch gibt es etwa siebenhundert verschiedene Trachten, im Kanton Bern allein etwa dreissig Arten. Jede ist ein Kunstwerk, das etliche traditionelle Vorgaben einhalten muss und rund 1500 Franken kostet. Die sportliche und günstigere Möglichkeit ist seit mehreren Jahren für Männer und Frauen das Edelweiss-Hemd, die Edelweiss-Bluse, -Jacke und -Weste, die im ganzen Alpengebiet und auch in Basel sehr beliebt sind.

Im Baselland hat das Trachtenwesen durch das ESAF (Eidgenössisches Schwing- und Älplerfest) viel

Auftrieb erhalten. Viele Baselbieter Werktags- und Sonntagstrachten waren in Pratteln zu sehen, auch die braunen Basler Werktagstrachten. Diese werden durch eine geniale Verbindung von Basler Fasnacht mit Basler Tracht durch die *Naarebainli* präsentiert. Als Pfeiferinnen-Trachtengruppe nehmen die *Naarebainli* an den Wettspielen des Trommel- und Pfeiferverbandes teil und vertreten die Stadt Basel an historischen Umzügen und Volksfesten. In ihren sehr gepflegten braunen Werktagstrachten und musizierend, waren sie kürzlich an der Tattoo-Parade und im Umzug des ESAF zu sehen. Dabei kommt mir jeweils mein ehemaliges „Trächtli" in den Sinn, als das Lieblingskleid meiner Kindheit.

Das Ballkleid

Helly Bernhard

Schon als Teenager stand ich oft beim Modehaus Maison Lehmann vor dem Schaufenster mit den schönen Ballkleidern, Cocktailkleidern und Brautkleidern und staunte und war ins Träumen versunken. Werde ich auch einmal in einem so schönen Kleid auf einen Ball gehen? Und tanzen die ganze Nacht? Dann waren da noch die Spezialgeschäfte, mit den Stoffangeboten aus Seide, Samt, Taft, Spitze, Tüll und und und. Und alles in so schönen Farben. Ich stellte mir vor, wie aus diesen Stoffen ein schönes Ballkleid genäht werden könnte. Für mich lag das alles noch in weiter Ferne, denn bei mir zuhause hiess es: Erst nach der Konfirmation darf man Tanzstunden besuchen und auf einen Ball gehen.

Aber auch für mich kam der Moment, ich durfte eine Tanzschule besuchen. Der Abschlussball im Januar wird sicher ein Höhepunkt werden, so meine Gedanken. Also brauchte ich ein Ballkleid. Voller Freude ging ich zur Schneiderin und liess mich beraten. Es fiel mir nicht leicht, mich für ein Modell aus dem riesigen Angebot in den vielen Modejournalen zu entscheiden. Mit Hilfe der Schneiderin fiel die Wahl auf ein trägerloses Modell. Jetzt noch Stoffwahl und Farbe. Das war einfacher. Ich wählte einen hellgrünen Taftstoff, den die Schneiderin besorgte.

Nun Termin zur Anprobe. Die Spannung bei mir stieg. Aus dem gleichen Stoff hatte die Schneiderin eine Stola geschnitten. Diese wurde an der linken Seite am

Ausschnitt befestigt. Darauf nähte die Schneiderin eine circa handgrosse Stoffblume als Dekoration. Die Stola wurde dann lose über die Schulter und den rechten Arm gelegt. Damit war der Rücken bedeckt, was damals so Sitte war. Endlich konnte ich das Kleid zum ersten Mal anziehen. Als ich mich im Spiegel sah, war ich richtig stolz und glücklich: ich, in meinem ersten Ballkleid. Natürlich gehörten noch ein paar Accessoires, wie ein kleines Täschchen und lange, bis zum Ellbogen reichende Handschuhe aus schwarzem feinem Tüll dazu und, nicht zu vergessen, passende Ballschuhe. Jetzt war auch ich bereit für den ersten Ball!

Leider kam alles anders. Ich musste mein erstes Ballerlebnis auf den nächsten Frühling verschieben, denn zwei Wochen vor dem Balltermin starb mein Grossvater. Aber am Frühlingsball war ich dann dabei und stolze Trägerin meines ersten Ballkleides.

Für jeden Anlass

Graziella Brusadelli

Es gibt sehr viele Arten von Kleidern. Ein Mensch wird überall nackt geboren, darum wird er immer eine Bekleidung brauchen, ein weisses Taufkleid kann das erste sein. Ein Tier kommt mit seinem Kleid auf die Welt, und das Kleid wächst mit ihm. Wir müssen unser Kleid immer an den Wandel anpassen, und deshalb gibt es Modeschöpfer, Schneider und Schneiderinnen, Modegeschäfte, Modekataloge und so fort. Ein Kleid ist etwas Wichtiges, immer wird der Mensch so etwas brauchen. Es könnte auch ein grosses Stück Stoff, ein grosses Tuch oder ein Fell genügen. Aber wer wäre damit zufrieden?

Es gibt heute für jeden Anlass ein besonderes Kleid, zum Beispiel: beim Schulanfang, beim Schulabschluss, zum Tanzen, bei einer Heirat, bei einer Schwangerschaft, am Strand, bei der Hitze, bei der Kälte. Ein neues Kleid macht immer Freude und ein Sprichwort sagt: Kleider machen Leute. Es hat etwas Treffendes. Als Kind hatte ich ein wollenes Matrosenkleid, das ich sehr liebte. Ich wollte es immer anziehen, auch im Hochsommer. Das wurde mir nicht erlaubt. Es ist ja verständlich, aber damals wollte ich es nicht verstehen.

Ich selbst brauche jetzt nicht viele Kleider, ich bin schnell zufrieden, aber ich sehe sehr gern an anderen schöne Kleider, und meistens sage ich es auch. Zum Beispiel bei meiner Nachbarin Elisabeth. Sie trägt fast immer, oder oft, selbstgenähte Kleider aus wertvollen Stoffen. Ich kann es dann nicht unterlassen und muss es sogar betasten und streicheln. So eine Geste ist nicht bei jedermann passend, aber bei ihr darf ich es, und sie ist dann auch ein wenig stolz; das darf sie auch.

Welche Enttäuschung!

Elisabeth Perret

Auf das Thema Kleid habe ich mich sehr gefreut. Immer wieder haben sich meine Gedanken auf schöne „Spaziergänge" begeben und mir eingeflüstert, dass ich mich in der roten Baslertracht präsentieren und in überraschte Gesichter blicken könnte. Freudig habe ich sie heute Morgen angezogen – uff! Welche Enttäuschung. Sie ist zu eng geworden, und die vielen kleinen Knöpfe haben sich einfach nicht schliessen lassen. Mit einem traurigen Auge musste ich im Spiegel erkennen, dass sie kleiner geworden ist (ich natürlich nicht dicker.) So geht der schöne Traum zu Ende, und die Enttäuschung tut weh. Schade.

Schwarz und Weiss

Doris Plüss

Das Kleid! Was soll ich darüber schreiben? Ich überlege, gehe alle meine Klamotten durch und plötzlich da! Da sehe ich es!

Wunderschön zweifarbig, schwarz und weiss. Es wird jeden Tag und auch jede Nacht getragen, nie gewechselt, wird nie gegen ein anderes ein- oder ausgetauscht. Es wird immer sehr sorgfältig – dies auch mehrere Male am Tag – gereinigt. Immer mit demselben Waschmittel, ohne Weichmacher oder sonstige Zusatzmittel. Die Länge der Waschgänge ist verschieden, aber sie sind immer sehr genau und sorgfältig gewählt. Manchmal ist die Waschart sanft, zärtlich, doch auch ruppig, manchmal wird gezogen und gerupft. Es kann sein, dass zwischendurch ein Kurzwaschgang eingelegt wird, wahrscheinlich weil irgendeine Faser falsch liegt oder warum auch immer.

Die Waschmaschine braucht keinen Entkalker, wird auch nie erneuert. Sie gibt diesem Kleid jedes Mal das gleiche einmalige Aussehen. Das Weiss ist immer strahlend weiss und das Schwarz immer tiefschwarz. Egal, was der Besitzer vorhat, er trägt immer dasselbe Kleid sein Leben lang.

Ihr habt sicher erraten, um welches Kleid es sich handelt. Es ist das wunderschöne, einmalige Kleid meines geliebten Katers Blacky.

Distanz

Annelis Dickmann

Zu Beginn des Schreibkurses hörte ich, es brauche Distanz beim Schreiben. Ich wollte protestieren, kam aber zum Lernen und nicht zum Besserwissen. Heute weiss ich, es stimmt, Distanz muss sein.

Unsere Aufgabe war, eine Geschichte über ein Kleid zu schreiben. Verschiedene Bilder tauchten auf. Genau das Schwierigste musste ich in Arbeit nehmen. Schwierig, weil viele Gefühle, Meinungen und Erfahrungen mir begegneten, die von zwei unterschiedlichen Familien in der Schweiz erzählen. Richtig spannend, dachte ich. Es darf chaotisch sein, wie das Leben sich zeigt, muss aber einen Faden haben, nicht zu viele Worte, aber alles beschreiben, um verständlich zu sein. Diese Struktur im Hinterkopf begann ich zu schreiben. Die Worte waren schon geschrieben, bevor ich sie dachte. Ich stolperte von einem Gefühl, einer Erinnerung zur andern. Beim Lesen wusste ich nicht, warum die ganze Geschichte unverständlich wirkte. Für mich ist doch alles klar gesagt. Korrigieren, anders formulieren, klare Bilder zeichnen, verordnete ich mir.

Mein Erzählen wurde nur noch chaotischer. Zuviel Unvergessenes hinderte mich, zu erklären, warum mein Hochzeitskleid zwei Familien zusammenbrachte. Das weisse Kleid. Die Tradition ordnete Gedanken und Gefühle, so dass der Hochzeitsspruch „Der Eltern Segen baut den Kindern ein Haus" Wirklichkeit wurde.

Zeit

Die Wanduhr

Alice Lehr

„Die Zeit beherrscht unser Leben", sagte mir einmal meine Grossmutter. Sie befasste sich täglich mit der Zeit, denn in ihrer Stube hing eine wunderschöne Wanduhr. Nach der „genauen Zeit", von Radio Beromünster, richtete sie die Zeiger, und mit einem Schlüssel zog sie das Uhrwerk auf. Ich war jahrelang fasziniert von dieser Wanduhr und mochte das dunkle Holz mit den Schnitzereien, das silberne Zifferblatt, mit den schwarzen Zahlen und Zeigern und das goldig glänzende Pendel. Aber auch der warme Klang des Schlagwerks, das jede halbe Stunde die Zeit verkündete, hatte es mir angetan. Mein Grossvater kam ebenfalls immer in die Stube, um die Zeit seiner Taschenuhr zu richten. Diese trug er im Gilettäschli, an einer silbernen Kette, was mir stets Eindruck machte. Mit dieser Uhr in der Hand erklärte er der Familie, dass man sich genügend Zeit nehmen solle, um immer pünktlich zu sein. Denn „Pünktlichkeit ist die Höflichkeit der Könige". Man erweist damit anderen Menschen Respekt und bekommt auch Wertschätzung zurück.

Seit dieser gemütlichen Zeit in der Stube der Grosseltern ist viel Wasser den Rhein hinuntergeflossen, das heisst, es ist viel Zeit vergangen. Die Grosseltern sind längst nicht mehr hier, aber ihre Ansichten sind mir in Erinnerung geblieben. Besonders die Begriffe Respekt und Wertschätzung sind in der heutigen Zeit aktuell, im Hinblick auf verschiedene Auswüchse an Demonstrationen und das Littering am Rhein. Die Zeiten haben sich radikal verändert und ändern sich laufend und schnell weiter. Ausgerüstet mit Computern und Natels haben wir nicht nur die genaue Zeit, sondern kennen auch die Uhrzeiten in der ganzen Welt. Und mit dem Internet sind wir über das Zeitgeschehen und die Entwicklungen in allen Ländern auf dem Laufenden. Dass dabei die Terminkalender oft überquellen und man vor lauter Terminzeiten in Zeitnot gerät, gehört auch in unsere Zeit.

Die Jahreszeiten sind trotz allem Fortschritt allerdings immer noch gleich, wie in früheren Zeiten: Frühling, Sommer, Herbst und Winter. Ende Oktober müssen wir die Zeit eine Stunde zurückdrehen, um von der Sommer- zur Winterzeit zu wechseln. Diese Zeitumstellung wollen die einen abschaffen, die anderen beibehalten, und es wird wieder etliche Streitgespräche darüber geben. „Die Zeit beherrscht unser Leben", sagte die Grossmutter. Aber es ist wohl eher besser, wenn wir die Zeit beherrschen.

Zeit – vier Buchstaben, Anfang und Ende

Annelis Dickmann

Am Ufer des Sees spielt ein Kind im Sand. Welle um Welle überspült den Strand. Mutter ruft dreimal zum Essen. Endlich antwortet das Kind: «Keine Zeit, muss Sandburg bauen.»

Alles hat seine Zeit.

Gartenzaun mit Zwischenraum hindurchzuschauen. Christian Morgenstern

Traum der Menschen: Perpetuum mobile.

Zeit, ein Mass. Meine Frage: Was ist, wenn nicht gemessen wird?
Antwort: Es bleibt die Jetzt-Zeit.

Jetzt, die gleichen Buchstaben wie Zeit.

Ein schwieriges Thema

Nina Jud

Was ist Zeit? Ein Tag mit 24 Stunden? Die Lebenszeit, von der Geburt bis zum Tod? Eine schlaflose Nacht, die nicht enden will? Die Kinderzeit? Die Jugendzeit? Die Zeit, die man im Berufsleben verbringt? Die Freizeit, die Jahreszeit? Alles hat seine Zeit. Warum sagen viele Menschen: Ich habe keine Zeit. Jeder hat doch gleich viel Zeit zur Verfügung, 24 Stunden am Tag.

Man kann das Zeitgefühl auch verlieren. Meine Mutter hatte ein ausgesprochen gutes Zeitgefühl. Sie konnte fast immer, auf fünf Minuten genau, die Zeit angeben, ohne die Uhr zu konsultieren. Ich aber habe schon öfter das Zeitgefühl verloren. Es geht ja noch lange bis zum Termin, und plötzlich ist es zu spät. Darum habe ich mir im Laufe des Lebens angewöhnt, immer genügend Zeit einzuplanen, um pünktlich zu sein. Ja, meist bin ich überpünktlich, vor der Zeit an Ort und Stelle. Unpünktlichkeit mag ich nicht.

Manchmal kann eine kurze Zeitspanne furchtbar lang sein, zum Beispiel beim Zahnarzt. Manchmal kann eine lange Zeitspanne furchtbar kurz sein, zum Beispiel wenn tolle Ferien schon wieder zu Ende sind. Zeit ist also eine persönlich empfundene Grösse.

Die Zeit zerinnt

Selma Meister

Die Zeit zerrinnt uns zwischen den Fingern. Diesen Ausspruch habe ich schon als Kind gehört, und ich habe mich schon damals gefragt, was das wohl heissen soll. Bis heute bleibt aber diese Wahrheit bestehen.

Wir erleben das jede Woche; am Samstag kann ich es kaum glauben, dass schon wieder eine Woche vergangen ist. Je älter ich werde, umso mehr habe ich diesen Eindruck. Wenn uns das zum Bewusstsein kommt, können wir die Zeit besser einteilen und nutzen. Vielleicht könnten wir auch bessere Menschen werden und mehr helfen, wo wir noch können und mögen. Denn eines Tages spült uns die Zeit in die Ewigkeit.

Die gute andere Zeit

Helly Bernhard

Man spricht oft von der guten alten Zeit. Aber war die Zeit so gut? Vieles war anders. Ich würde also sagen: Die gute andere Zeit. Ein paar Erinnerungen:

Es war allgemein üblich, am Mittag traf man sich zum Essen zu Hause. Man erzählte von den Ereignissen vom Vormittag und diskutierte. Nur Punkt 12.30 war absolute Ruhe, denn dann wurden am Radio die neusten Nachrichten ausgestrahlt. Die wollte mein Vater ungestört und in Ruhe hören.

Nach dem Essen ging's in die Küche, zum Geschirrwaschen – Spülmaschinen kannte man noch nicht. Meine Aufgabe war: abtrocknen und versorgen. Dann mussten die Hausaufgaben für die Schule gemacht werden. Erst dann durfte ich zum Spielen, zu meinen Kameraden auf die Strasse. Damals konnte man, ohne Gefahr, mitten auf der Strasse Ballspielen oder Rollschuhlaufen. Selten fuhr ein Auto vorbei und wenn, dann meist im Schritttempo. Ab und zu kam der Pöstler mit Ross und Wagen und brachte Pakete. Aber auch das störte uns beim Spielen kaum. Mit Ross und Wagen kam auch frühmorgens der Milchmann und ging von Haus zu Haus und füllte die frische Milch in die bereitgestellten Milchkannen. Damit die Milch nicht sauer wurde, stellte man sie in den Keller. Kühlschränke für den Privathaushalt gab es noch nicht. All die vielen, heute gebräuchlichen, elektrischen Geräte für die Küchenarbeit waren noch nicht auf dem Markt. Man schälte und zerkleinerte das Obst und Gemüse mit einem scharfen Messer. Auch eine elektrische Teigmaschine konnte man sich zu jener Zeit nicht vorstellen. Man knetete den Teig mit den Händen. Also alles Handarbeit.

Die grösste Herausforderung im Haushalt war damals die grosse Wäsche. Am Abend wurden die Wäschestücke in mit kaltem Wasser gefüllten Holzzubern eingeweicht. Am nächsten Tag wurde die Wäsche in einem riesigen Waschkessel, der mit einem Holzfeuer aufgeheizt wurde, sozusagen gebrüht und anschliessend von Hand auf einem Waschbrett gewaschen, dann gespült und geschwungen. War schönes Wetter, konnte die Wäsche im Hof hinter dem Haus aufgehängt und getrocknet werden. Bei Regenwetter wurde die nasse, schwere Wäsche zum Trocknen auf den Estrich getragen, fünf Stockwerke hinauf.

Trotz vieler, aufwendiger Arbeit hat man immer wieder Zeit gefunden, um sich mit Verwandten und Freunden zu treffen. Bei einer Tasse Kaffee und manchmal einem Stück Kuchen dazu, erzählte man von den neusten Erlebnissen und Ferienplänen. Aber auch über bedrückende Sorgen hat man gesprochen und, wenn immer möglich, sich gegenseitig geholfen. Das waren schöne, unvergessene Zeiten.

Heute sind wir alle mit einem iPhone, Smartphone oder Handy ausgerüstet und zu jeder Zeit erreichbar.

Nicht so damals. Nicht in jedem Haushalt war ein Telefonanschluss. Zum Telefonieren musste man in eine Telefonkabine an der nächsten Strassenecke oder zum Nachbar.

Das sind meine Gedanken zum Thema Zeit.

Was ist die Zeit?

Graziella Brusadelli

Dieses Wort ist bekannt.
Ich habe keine Zeit.
Ich schenke dir etwas Zeit.
Heute habe ich Zeit.
Die Zeit ist so schnell vorbei.
Das Warten raubt mir die Zeit.
Wenn ich nur mehr Zeit hätte.
Oh, die liebe Zeit, die läuft einfach davon. Aber wohin?
Was haben wir jetzt für Zeit?
In kurzer Zeit bin ich bei dir.
Lass dir Zeit, die Zeit kann heilen.
Haben Sie denn keine Zeit?
Ich könnte das Blatt füllen mit solchen Ausrufen.
Da gibt es ja noch die Jahreszeiten: Frühling-, Sommer-, Herbst-, Winterzeit. Oder Regenzeit, Trockenzeit, Badezeit, Ferienzeit, Schulzeit, Pausenzeit, Essenszeit und noch vieles mehr. Alles hat seine Zeit.
Was ist denn die Zeit? Ich weiss es nicht. Sie könnte auch das Jetzt sein, immer wieder das Jetzt, der Augenblick, der vergangene Augenblick oder der nächste Augenblick. Ich will mir jetzt Zeit nehmen und noch weiter überlegen, was die Zeit ist. Oder ist es am Ende verlorene Zeit? Aber wo ist sie denn hin? Ich mache Schluss, ich komme nicht weiter. Ich nehme jetzt Zeit für mich. Aber wo nehme ich sie? Ist sie doch schon da, also im Jetzt? Das ist das Leben, das ist die Zeit. Die Zeit ist dynamisch, sie ist immer in

Bewegung. Wehe, wenn sie stehen bleiben würde. Also, was ist sie?

    Die Zeit geht einfach vorbei, ob es mir passt oder nicht, freudig oder traurig.

Fragen

Elisabeth Perret

Zeit ist Geld! Ist Geld auch Zeit? Wie äussert sich das? Zeit gegen Geld? Wie geht das? Meine Zeit steht in deinen Händen, lautet ein Bibelvers. Wieviel Zeit steht noch vor mir? Was erwartet *sie* von mir? Womit fülle ich sie aus?

Eigentlich sollte man die Zeit bewusst erleben und manchmal durchleben, was in schweren, mühsamen Zeiten kein Lied in mir zum Klingen bringt. Dann lässt sich auch der Kanon „Froh zu sein, bedarf es wenig, und wer froh ist, ist ein König" nicht mehr in mir singen. Doch zum Glück gibt es wieder frohe Stunden, die mir ein Lächeln ins Gesicht zaubern.

Zwei Minuten vor Jahresende

Doris Plüss

Als wir die Aufgabe „die Zeit" erhielten, kamen mir sofort die Astronomievorlesungen an der Volkshochschule beim verehrten, beliebten Professor Buser in den Sinn. Er hatte die Fähigkeit, die immens komplizierten Themen Universum, Galaxien, Planeten, Sonnen usw. auf so anschauliche Art und Weise zu erklären, dass man sogar mit keinen oder wenigen Vorkenntnissen viel verstand. Man kam mit einem Reichtum an neuem Wissen und Erkenntnissen aus dem Hörsaal! Er war ja auch ein Philosoph.

Ich versuche Euch einen winzigen Teil, der mir eindrücklichsten Argumente und Tatsachen, die er uns nahegebracht hat, weiter zu geben. Eigentlich hat das Meiste, wenn nicht alles, mit Zeit zu tun. Bewegungen, Distanzen, Innehalten usw., alles ist mit Zeit verbunden.

Nun zurück zum Universum. Sogar das Licht braucht Zeit. Zum Beispiel braucht ein Lichtteilchen, wenn es die Sonne verlässt, bis zur Ankunft auf der Erde sieben Minuten. Das heisst, sollte die Sonne plötzlich kein Licht mehr senden, würden wir es erst sieben Minuten später bemerken. Zeit hat also auch mit Distanzen zu tun.

Eine der eindrücklichsten Erklärungen unseres Professors war, wie er uns die Distanzen der Planeten, die um unsere Sonne kreisen, erklärt hat. Er stand am Fenster im kleinen Hörsaal. Er stehe jetzt bei der Sonne: Zwei Schritte später (nach der Sonne) kommt jetzt der erste Planet, der Merkur, in fast gleichen Abständen folgten die

Venus, die Erde und dann der Mars. Der Professor lächelte, öffnete die Türe und sprach: „Nun meine Damen und Herren, ich bin in circa drei Stunden wieder zurück, dann komme ich vom nächsten Planeten unseres Sonnensystems, vom grössten, wunderschönen Jupiter. Den Rest könnt ihr euch vorstellen. Nach Jupiter würden noch drei weitere Planeten folgen mit zum Teil noch grösseren Abständen (Saturn/ Neptun und Uranus)."

Doch die eindrücklichste Zeitvorstellung war die Alters- und Entwicklungsgeschichte unseres gesamten Universums. Wenn wir das Alter des Universums (real circa vierzehn Milliarden Jahre) in ein Jahr mit seinen zwölf Monaten (360 Tage) drücken, beginnt das Universum mit dem Urknall am 1. Januar 00.00 Uhr. Am 1. Februar entsteht unsere Galaxie, die Milchstrasse. Fast gleichzeitig unsere Sonne. Am 3. September (sechs Monate später) taucht die Erde auf. Am 22. September entsteht das erste Leben in Form von einzelnen Zellen. Am 17. Dezember (also wieder zwei Monate später) die kambrische Explosion. Da entstanden alle grösseren Stämme des Tierreichs.

    Dann kommt der wichtigste Monat: der Dezember. Doch erst am 26. Dezember bevölkern die ersten Dinosaurier die Erde und verschwinden wieder am 30. Dezember.

Ihr fragt Euch sicher: Und wo bleibt der Mensch? Am 31. Dezember (letzter Tag des Jahres) entwickeln sich um 21 Uhr die ersten Hominiden, die ersten Vorfahren des Menschen.

Um 23.58 Uhr (zwei Minuten vor Jahresende) erst, dann taucht der als Krönung der Schöpfung betitelte Mensch auf. Die Spezies, die leider beginnt, die durch Jahrmilliarden (jetzt in Echtzeit) entstandene Natur und somit auch sich selbst zu zerstören. Auch das wird ein winziger Teil der Zeit des Universums sein, das ungeachtet, was hier geschieht, weit grösser und grösser wird und noch sehr lange existieren wird. Wie lange noch?

Die Autorinnen

Helly Bernhard, am 16. März 1936 in Basel geboren, seit Oktober 2014 in der Senevita.

Lebensorte: Basel

Tätigkeiten: Sekretärin in der Ciba für 38 Jahre und bis zum Pensionsalter noch sieben Jahre im zahnärztlichen Institut Basel tätig. Das waren sehr schöne Jahre.

Besonderes: Nach der Pensionierung dreieinhalb Jahre bei Freuden in Sizilien gewohnt. Als das Heimweh nach Basel (in die Schweiz) zu gross wurde, Rückkehr in die Heimat. Heute bereue ich keinen Moment, ob im Ausland oder die Heimreise.

Madeleine Bollinger, 1933 in Basel geboren, seit Januar 2017 in der Senevita.

Lebensorte: Basel, England, Paris, Lausanne, Zug, Kandersteg

Tätigkeiten: Sekretärin im medizinischen Verlag Karger Basel. Chefarztsekretärin im Kantonsspital Zug.

Besonderes: Früher Tod des Ehemannes, dann single (bis heute!). Leseratte. Mitglied der Grauen Panther. Politisch sehr interessiert.

Graziella Brusadelli-Scheiber, am 6. Juli 1930 in Bern geboren, seit 2019 in der Senevita

Lebensorte: Lugano (TI), Schattdorf (UR), Leukerstadt (VS), Grenchen (SO), Chur (GB), Ingenbol (SZ), Albonago (TI), Affoltern (ZH), Basel permanent seit 1949

Tätigkeiten: Hausfrau, Mutter von fünf Kindern, Nonna und Bisnonna

Besonderes: Aus Altem Neues nähen, Stricken, Gartenarbeit, Kleinmöbel restaurieren, Dolmetschen.
Hobby: Aquarellmalen, Filmen 8m mit Ton, Sommerferien im Zelt.

Annelis Dickmann-Meyer, am 11. Februar 1939 in Meierskappel geboren, seit Juni 2020 in der Senevita.

Lebensorte: Luzern, Biel, Basel, Münsterlingen am Bodensee.

Tätigkeiten: Hausfrau und Mutter. Berufe halbtags in der Psychiatrie und einer Buchhandlung.

Besonderes: Sommerleben auf Segelschiff mit Kindern und befreundeten Familien. Wandern, zu Fuss unterwegs mit Freundin, Ehemann oder allein.

Vreni Indlekofer, am 24. Februar 1943 in Wädenswil geboren, seit dem 1. Juli 2021 in der Senevita.

Lebensorte: Fällanden (ZH), erstes gemeinsame Zuhause mit meinem Mann. Auch meine Mutter zog mit uns in dieses erste gemeinsame Heim und lebte bis zu ihrem Tode mit uns zusammen. Der wichtigste und schönste Ort für mich und meine Familie war das selbst gebaute Haus am Grenzacherweg 111 in Riehen. 53 zumeist glückliche Jahre lebten wir in diesem Haus mit seinem wunderschön angelegten Garten.

Tätigkeiten: Inhaberin von drei Bürofachgeschäften. Der tägliche Kontakt mit meinen Kunden hatte mir immer schon sehr viel bedeutet, und ich spürte, dass sich meine Kunden in meinen Geschäften wohl fühlten. Sich bei mir wohl fühlen, das sollten sich aber auch meine Nachbarinnen und Nachbarn in Riehen. Darum organisierte ich – nebst den vielen Familienfesten – für sie alljährliche Garten- und Samichlausfeste, teils fanden sich dann in meinem Zuhause bis zu 70 Leute, von Jung und Alt, zum gemeinsamen Schwatz. Das war jeweils sehr viel Arbeit, aber noch sehr viel mehr Freude für mich.

Der Umzug vom Grenzacherweg 111 ins Senevita Erlenmatt war ein schwieriger Schritt für mich. Darum hatte ich die Idee, in der Senevita den monatlich stattfindenden Mittagstisch zu gründen. So nämlich wird das gegenseitige Kennenlernen erleichtert und das Zusammensein gefördert. Diese Tradition möchte ich weiterführen, auch wenn es nicht immer einfach ist, denn nicht alle Menschen können sich Neuem öffnen. Doch genau dies: Neuem gegenüber offen zu sein, das reizt mich.

Nina Jud, am 10. Oktober 1939 in Solothurn geboren, seit dem 15. August 2019 in der Senevita.

Lebensorte: Koppigen BE, La Chaux-de-Fonds, Feldbrunnen SO, Wettingen, Zürich-Seebach, Alosen ZG, Basel.

Tätigkeiten: Haushaltjahr, Topfpflanzengärtnerin, Handelsschule, Sekretariat in einem Gartenbaugeschäft, Vorstand in einer Wohngenossenschaft, Buchhaltung für SOS (Selbsthilfe-Organisation für Schülerhilfe).

Besonderes: Heirat, zwei Kinder, Grossmuttersein, Lesen, Stricken.

Marie-Thérèse Jutzet, am 11. Juni in Fibourg geboren, seit dem 1. Dezember 2020 in der Senevita

Lebensorte: St. Silvester, Fribourg, Gruyère, Biel

Tätigkeiten: Gastronomie, Degustantin, Telefonistin, Filialleiterin, Betagtenhilfe

Besonderes: Vielseitigkeit und Interesse an Neuem nährten meine Neugier und prägten mein Leben.

Alice Lehr, am 23. Januar 1934 in Basel geboren, seit Mai 2022 in der Senevita.

Lebensorte: Basel-Stadt, ab und zu Grindelwald.

Tätigkeiten: Arztassistentin, Hausfrau und Mutter. Texte und Verse für diverse Angelegenheiten, Hilfe im Betrieb meines Mannes, Journalismus.

Besonderes: Theaterbesuche, Konzerte, Fasnachtsgesellschaft *Junteressli*, Piccolopfeifen in der Clique, Kostüme nähen, Sujet ausarbeiten, Verse. Betreuung meiner Enkel und meines Urenkels. Pflege der Familie und Verwandtschaft.

Selma Meister, am 2. März 1926 in Aadorf (TG) geboren, seit dem 5. August 2015 in der Senevita

Lebensorte: Aadorf (TG), Basel. Allschwil.

Tätigkeiten: Drogerieverkäuferin, Hausfrau und Mutter von drei Kindern.

Besonderes: Zwei Jahre Aufenthalt in der Romandie.

Elisabeth Perret, am 22. Januar 1931 in Basel geboren, seit 2016 in der Senevita.

Lebensorte: Basel.

Tätigkeiten: Verschiedenes.

Besonderes: Nichts.

Doris Plüss, am 11. Juli 1947 in Basel geboren. Seit dem 19. Februar 2015 in der Senevita.

Lebensorte: Basel, kurze Zeit in Neuenburg, während 35 Jahren Ferien in Airolo.

Tätigkeiten: medizinische Laborantin im ersten Beruf (Spital), Sozialarbeiterin Chemie, Basel.

Besonderes: Grosser Fan der ganzen Tierwelt, besonders von Katzen. Grosses Interesse an Umwelt, Umweltschutz, Astronomie, Geschichte (vor der Neuzeit). Einsatz für Umwelt und Menschenrechte (bei diesen Themen manchmal unversöhnlich) Mitarbeit bei Amnesty International, Bücher und Hörbücher.